湖南省哲学社

《地域文化视阈下湖南美术家群体研究（1978—1988）》

地域文化视域下的湖南美术家群体研究（1978—1988）

薛亚军 著

辽宁大学出版社　沈阳
Liaoning University Press

图书在版编目（CIP）数据

地域文化视域下的湖南美术家群体研究：1978—1988/薛亚军著. --沈阳：辽宁大学出版社，2024.12

ISBN 978-7-5698-1415-6

Ⅰ.①地… Ⅱ.①薛… Ⅲ.①美术家－人物研究－湖南－1978－1988 Ⅳ.①K825.72

中国国家版本馆 CIP 数据核字（2023）第 185052 号

地域文化视域下的湖南美术家群体研究：1978—1988
DIYU WENHUA SHIYU XIA DE HUNAN MEISHUJIA QUNTI YANJIU：1978—1988

出 版 者：辽宁大学出版社有限责任公司
　　　　　　（地址：沈阳市皇姑区崇山中路 66 号　　邮政编码：110036）
印 刷 者：沈阳市第二市政建设工程公司印刷厂
发 行 者：辽宁大学出版社有限责任公司
幅面尺寸：170mm×240mm
印　　张：10.25
字　　数：150 千字
出版时间：2024 年 12 月第 1 版
印刷时间：2024 年 12 月第 1 次印刷
责任编辑：李珊珊
封面设计：高梦琦
责任校对：吴芮杭

书　　号：ISBN 978-7-5698-1415-6
定　　价：88.00 元

联系电话：024-86864613
邮购热线：024-86830665
网　　址：http://press.lnu.edu.cn

前　言

　　本书以 1978—1988 年湖南美术体制的恢复与重建和磊石画会、野草画会、O 艺术集团、《画家》群体、立交桥版画群体、怀化群体等湖南新潮美术团体的创作状况为对象，以地域文化为视角，结合现代人文地理学、空间社会学、传播学等人文社会科学的思想成果，以线性时间为线索重思传统中国美术史的整体研究范式，凸显地域美术的多样性，揭示被话语权力遮蔽的地域差异，注重湖南局部美术事件、美术现象、美术家及作品考古、梳理分析和评价，补充和丰富中国美术史的研究内容。本书从具体研究出发，构建中国美术理论体系，为学术共同体提供特定研究方向的学术成果，为今后系统的湖南美术史研究与写作提供资料，为湖南省地域美术史研究积累学术成果，丰富湖南美术史的研究方法、拓展研究的主题领域、深化湖湘文化内涵，为湖南的美术体制、美术展览、美术批评、艺术品管理等问题的研究提供参考资料。

　　谨以此书献给橘子小姐和小贝。

薛亚军

2023 年 4 月 11 日

目　录

绪　论

自 20 世纪 90 年代以来，地域美术研究逐渐成为中国美术史研究的热点，多个省份都有地域美术史著作出版，相关研究论文的发表量也呈逐年递增趋势。但当前的地域美术研究，无论是在理论依据、研究方法还是在阐释逻辑方面，依然不能脱离传统中国美术史研究的基本范式，大多忽略了地域美术与中国美术史整体研究之间的差异。这种情况显示了地域美术研究方法论与问题意识的缺失。本书拟以地域文化的视角，对湖南美术家群体（1978—1988 年）的资料收集、画家个案研究及代表作品阐释等进行具体且深入的研究，探讨湖南地域美术的特征，以期丰富中国美术史的整体研究，拓展湖南美术史研究的视角。

一、地域美术研究现状综述

刘德卿在论文《地域美术的价值》中谈到地域美术的价值时指出，有很长一段时间，由于对中西方文化认识的偏颇，导致我们妄自菲薄，错误地认为西方文化代表先进，中国文化就是落后的，而地域文化更被认为是待发展的、等同于落后的文化。而且地域文化概念界定的含糊性，再加上对中国文化的误读，使得人们对地域美术的认识也很消极，更遑论讨论地域美术的价值。这种状况对地域美术的学术研究生态有很大的影响。对于地域美术的价值，人们一般有两种截然相反的看法：一种看法是，地域美术具有积极的价值，"越是民族的，越是世界的"就是典型的观点；另一种看法是，地域美术是局限与封闭的产物，具有负面的影响。

关于地域美术研究的学术价值，刘德卿从地域美术的情感价值、与主流艺术的关系以及在艺术史上的历史价值三个方面进行了总结。他认为，地域美术不是徒有保存价值的"活化石"，也不是一幅符号化的充满民族风情的画卷，而是特定地域和历史文化赋予艺术家发掘独特的存在感、创造原创性美术形式的不可重复、无可替代的坐标。第一，相对世界美术而言，地域美术更具有情感价值。世界美术是由众多各具特色的地域美术构成的，一部世界美术史不可能穷尽所有的地域美术。"世界美术是一种人类超越自身、超越个性、超越时空的努力，是一种纯粹的、理想的艺术形式，是没有地域概念的终极目标。"地域美术表现的却是某一区域的艺术状态，多集中表达该区域内艺术家的情感。第二，相对主流美术而言，地域美术更具个性价值。"相对于主流美术，地域美术的这种差异性、独特性、个性是地域美术艺术价值的最核心之处。正是众多地域美术与主流美术的差异性，才衬托出主流美术的地位与璀璨，也使得美术界充满着主流与非主流的交流与互换、冲击和动荡。"① 刘德卿认为，地域美术中还有一个中心的问题，如中国的北京、上海、西安，欧洲的巴黎、佛罗伦萨等大都市，虽然也属于地域，但它们的地域文化在不同时代就是各自的文化中心，该地域的美术风格超越了地域环境的限制，成为它们所处时代的主流艺术，甚至代表着世界美术的风格。因此，刘德卿认为，这类大都市的美术并不能划入地域美术的范畴。地域美术应该是与同时代其他地域的美术有着明显的区别，还没有被主流美术纳入，并且受主流美术的影响较少，有着丰富多样的地域特征，还有着特定地域的文化地理特征与浓郁的地域文化精神。同时，地域美术更多传递了艺术家对所处地域自然地理环境及民俗风情的情感。第三，地域美术的价值体现在突出的历史价值上。特定地域的文化气质是一代一代传递传承、积淀、创新发

---

① 刘德卿. 地域美术的价值 [J]. 艺术探索，2008（5）：49—50.

展而来的，也是该地域物质与精神文化持续演变的结果。因此，科学认识并准确把握地域文化的历史性特点，是所有艺术家从事地域美术研究的基本出发点。19世纪，整个欧洲美术界盛行的绘画风格是新古典主义，欧洲的画家们以能描绘希腊罗马的历史风景为荣，正如一位观众在观看康斯太勃尔的画展后写下的留言所说的那样："我们从来没有满意过我们的土地，我们总是向往着瑞士或意大利。"① 而英国风景画家康斯太勃尔却执着于描绘英国乡村的草地、树木、村舍、天空等自然风景，表达出他对英国自然地理的情感。正是一批像康斯太勃尔一样的画家，能认识到地域美术的价值，才能在主流的古典主义、浪漫主义美术风格之外，走向现实主义新风格，并持续推进了美术史的发展进程。

学者吴明在论文《地域性美术研究断想》中也认为，中国美术史的研究者习惯从纵向思维的角度考察美术。传统且主流的研究方法是编年表、探源流、讲传承，一部美术通史从原始社会到先秦两汉，再到唐宋元明清一路讲下来，大量的工作是做与时间线有关的梳理工作，而对地域和空间相关的因素却往往关注较少。事实上，一部中国美术史就是一部南北不同地域环境相互影响、交流、融合的美术史。而这样综合多学科知识、结合时间因素、考虑空间因素进行美术史研究的学者并不多。究其原因，一是传统美术史的教育与学科划分过细，导致缺乏通史意识，难以顾及其他地域环境因素的影响；二是与研究者的学术心理有关，艺术史学者们有时候为了维护本学科地位的独立性而画地为牢，进而限制了研究方法与视野的拓展。对于吴明提出的第二点问题，近年来似乎已经得到改善，美术史学界已经达成共识，认为美术史研究已经不再"纯粹"，今日的美术史代表了一个新的学科概念——"不再奠基于严格的材料划分和专业分析方法之上，它成为一个以视觉形象

---

① 利奥奈洛·文图里. 欧洲近代绘画大师［M］. 钱景长，华木，佟景韩，等，译. 北京：中国友谊出版公司，2001：47.

为中心的各种学术兴趣和研究方法的交汇之地和互动场所"①。

吴明认为，当前的地域美术研究应该注意如下四个方面："一是，地理条件与地域文化成就不成正比，如中国有海上画派、长安画派等，却没有北京画派。二是，地域文化有远近而无高低。三是，数量标准和质量标准的差别。……研究地域美术现象不但应该重视出土的数量，更应该注重地域美术现象所代表的人类文化价值的高度与深度。四是，结合时间因素考虑空间。……即便受限于古代美术史范围，但也离不开自然地理、文化地理、人类学、考古学、民俗学、交通史等多种学科的相互配合。"②

刘佳帅博士整理的资料显示，自从中国第一部地方美术史《东北艺术史》在 1992 年出版以来，截至 2015 年，各省市已出版各类地域美术史如《楚艺术史》（1995）、《上海油画史》（1995）、《蒙古族美术史》（1997）共计 41 本。其中，出版年份比较集中的时间分别是 2005 年、2008 年、2013 年、2015 年，这几个年度每年都有 4～6 本美术史出版。2005 年出版的 5 本地域美术史分别为《长江流域美术史》《中国艺术地理丛书》《藏族美术史》《白族美术史》《黑龙江美术发展简史研究》；2008 年出版的美术史有《中国西部艺术论》《江西艺术史》《契丹艺术史》《北京美术史》；2013 年出版的有《澳门美术史》《燕赵美术史》《扬州艺术史》《西域艺术史》《战后台湾美术史》《口述湖南美术史（1949—2009）》；2015 年出版的有《浙江美术批评史》《台湾美术史》《宋元明清巴蜀艺术史》《四川美术史》。近几年出版的美术史有《上海现代美术史大系》系列以及《潮汕近现代美术史略》（2018）。进入 21 世纪，各地纷纷兴起的打造画派成为美术界讨论的焦点。辽宁的"关东画派"、黑龙江的"冰雪画派"、内蒙古的"草原画派"、甘肃的"敦煌画派"、新疆的"天山画派"、陕西的"黄土画派"、河南的"中原画派"、山东的"齐鲁画派"、广西的"漓江画派"、江西的"南昌画派"、海南的"海

---

① 巫鸿. 并不纯粹的美术［J］. 读书，2006（1）：36.
② 吴明. 地域性美术研究断想［J］. 美苑，2005（1）：62.

南画派"、四川的"巴蜀画派""巴渝画派""渝西画派""嘉州画派""成都画派"、江苏的"娄东画派""新吴门画派""太湖画派""彭城画派""虞山画派",等等,成为 21 世纪初十多年时间里颇为吸引眼球的文化现象。①

由于各地打造地方画派热潮的驱动,相关研究论文的发表量也呈逐年递增趋势。广西艺术学院主办的学报《艺术探索》从 2008 年开始连续刊登与地域美术研究相关的论文,至今依然是侧重发表地域美术研究论文、刊登中国地域美术研究成果的主要媒体之一。在《艺术探索》上发表过的有代表性的研究地域美术的论文有唐吟的《多元的方法和视野——甘肃地域美术史研究方法断想》(2008 年第 1 期)、周珩帮的《民国时期甘肃美术的历史条件与形态》(2008 年第 1 期)、刘新的《20 世纪广东美术的左翼生态——检视20 世纪广东美术的主流走势》(2008 年第 5 期)、曹倪娜的《地域美术,一个成长中的明星——当代地域美术发展前景摭谈》(2008 年第 5 期)、陈见东的《符号、传播、地域美术与文化》(2008 年第 5 期),傅丽莉的《何去何从?——全球化语境中的地域美术》(2008 年第 5 期)、刘德卿的《地域美术的价值》(2008 年第 5 期)、李辉的《从风格看当代地方画派》(2008 年第 5 期)、汤海涛的《地域美术的现实境遇与当代意义——写在全球化背景和多元文化竞争的格局下》(2009 年第 4 期)。②

高毅清在论文《地域美术与文化记忆》中认为,某一地域的行为与生活方式会沉淀为文化记忆,这种文化记忆又与地域美术有紧密关系,并进而升华到文化自信的高度。高毅清认为,中国画家不应盲目崇拜西方的所谓先锋理念与创作技巧,而应该从民族的立场出发主动吸收合理的艺术成分并融入自我的艺术探索,让作品具有地域文化特质和当代气派,同时也被世界艺术所欣赏。高毅清说,如对生存的自然环境没有切身的体验与感受,就很难创

---

① 刘佳帅. 地域美术研究的范式反思及方法论建构 [J]. 艺术探索, 2006 (4): 95.
② 刘佳帅. 空间视域下的地域美术研究: 以建国以来的山东美术为例 [J]. 山东师范大学, 2017: 13-14.

作出真实的艺术。例如中国山水画，虽然看似在描摹自然，但是因地理环境的差异而导致了不同时代山水画趣味与风格的不同。"将本民族的精神实质和风物景色通过艺术表现出来，反而会给这个世界的艺术带来一份财富。"①高毅清提出的文化记忆与地域美术关系的论点比较新颖，关注地域文化语境中的美术有助于我们从一个侧面关注人类的历史和记忆，进而更进一步地认识人性的价值。

郭建平在论文《中国绘画史"地域研究"意识——一种研究思路的提出》中认为，"无论是艺术史还是其他学科的历史，总是在一定的空间中展开的。当下，从宏观、中观、微观角度对人类文化与地域因素的互动关系作多角度、多层次的分析已成大势所趋"②。郭建平谈到"地域"概念之于美术史研究者在区域范围划分上面临的困难，称其与行政地域的清晰地界划分不同，因为精细化的绘画方面的地域划分往往没有一个明确的界线。美术史研究者常常为了地域空间的划分而不得不牺牲时间因素。众所周知，在中国古代的农业社会中，一个特定地域的特征在短时间内并不突显。这就需要研究者"大手笔地让空间把时间凝固，但舍去时间段的研究就有可能舍去很多有价值的研究切入点"。郭建平认为，这是当代地域美术研究不得不面对的一种研究方法上的缺憾。

陈见东在论文《符号、传播、地域美术与文化》中认为，强调地域美术主要是实现美术在文化层面的多元化与多样性，而不是指个人层面的多元化。地域美术的多元化与多样化的实现靠的是地域文化区域之间的差异，它是地域文化符号之间一种张力的体现。地域美术研究应注意要多视角进行，从符号论、传播论、人类学角度阐释会更加多维立体。地域文化反过来也会影响该地域人们的生存状态、价值取向与思维方式，这就又有了相互借鉴、

---

① 高毅清. 地域美术与文化记忆 [J]. 齐鲁艺苑，2008 (5)：5—6.

② 郭建平. 中国绘画史"地域研究"意识：一种研究思路的提出 [J]. 艺术百家，2007 (3)：117.

相互传播的必要。因为文化没有冲突就没有融合，它的价值有时体现于冲突之中。陈见东特别指出，不同地域之间的美术也存在着权力关系，地域美术的发展必须要重建，以抵抗文化中心主义和文化官僚体制。"在美术领域中同样如此，创作标准是大城市给的，市场更是大城市给出的。……地域美术也许能修复艺术家与地区之间的关系，地区也因有了这些艺术家而更具有地域文化特征。"① 陈见东将地域美术的意义总结为：地域美术在文化地理意义上能丰富文化板块。地域美术能"避免美术创作差异的完全个人化的虚无主义，没有一个明确文化背景的美术创作是不可能长久的，其气韵风格是虚弱的。……地域美术可以抵抗'文化中心论'。地域美术能够保存本土意识"。更重要的价值在于，地域美术能够让美术回归下层，与普通的生活和生存联系起来，少一些高高在上的无病呻吟。②

梁玖在论文《中国应加强对地域美术价值的认识与研究》中，对地域美术在美术研究中的重要意义进行了总结，认为无论是历史形态的地域美术还是当代形态的地域美术都具有构成族群文化和充实性的价值。他重点指出，历史形态地域美术的目的是找寻其现代转型的可能，并在此基础上把握和开创当代形态的地域美术。他认为注重和认识发掘历史形态地域美术的内涵有两个方面的意义：第一个方面，要充分认识特定区域的历史形态的美术家底，才能做到地域美术现代转型的可能，并且在此过程中，还要考虑到历史形态地域美术跨时空传播反映的特征；第二个方面，关注历史形态地域美术的目的不是简单地保护、存档，而是要注重把握和开创当代形态的地域美术。梁玖认为，对于一个族群、一个地域来说，不能仅仅把目光盯在历史形态的地域美术上，而是要在其基础上努力寻求、发掘和培植当代形态的地域美术，这样才能丰富自己的精神文化养料。

梁玖认为，地域美术最大的特点在于其独特的魅力，地域美术有多种价

<hr />

① 陈见东. 符号、传播、地域美术与文化 [J]. 艺术探索，2008（5）：47-48.
② 陈见东. 符号、传播、地域美术与文化 [J]. 艺术探索，2008（5）：48.

值，但主要包括两个方面："第一个方面，地域美术具有族群文化本体根性揭示价值。地域美术揭示族群生存状态是最直接的，地域美术中承载和反映的族群与地域内涵也是最多样的；第二个方面，地域美术具有族群文化充实展示价值。地域美术是构成族群美术文化整体的重要组成部分，进而揭示了地域美术具有充分展示族群文化的价值。地域美术的这个充实价值是不可忽视的。"① 梁玖认为，中国应加强对地域美术价值的认识与研究力度，应在中国建立美术文化多中心区，系统整合、把握与运用各地的美术资源，因为"地域美术史是构建中华文化大气象的必需元素"。

何鑫的论文《论美术地理学之下的历史美术地理学》，指出了当前地域美术研究存在的问题，即很多研究虽冠名地域美术研究，但把地理环境简单视为美术研究的背景加以概述，主体研究依然是画家加作品的风格分析，忽视了地理因素与地域美术之间的深层次联系。张皓 2010 年发表的博士论文《艺术地理——中国当代艺术现象研究》认为，中国当代艺术图像和风格与具体地理环境中艺术家的行为方式及思维习惯有关系。张皓的研究视角对中国当代艺术现象研究有一定的开拓性。

刘佳帅在其博士论文中提醒后来的地域美术研究者，如果我们只是将地域自然地理环境视作地域美术研究的背景资料来"反映"或"再现"美术文化，就遮蔽了与美术创作相关的其他重要因素。由此，容易出现以下问题：第一，容易遮蔽地域美术文化的多样性。研究者想当然地把地域美术的形成追溯到特定区域的自然地理和人文地理，就"遮蔽了地域画家之间的审美趣味、形式风格、主题选择的多方面差异"。第二，容易忽视地域画家之间不同的意识形态诉求。如果把画家的艺术实践简单地视为地域文化的情感表达，就会忽视画家受主流文化、艺术市场、艺术传播等其他非地域文化因素的制约。第三，地域美术研究者往往基于"此地有什么"的美术筛选和描

---

① 梁玖. 中国应加强对地域美术的认识与研究 [J]. 艺术探索，2009（4）：47—48.

述，这种研究"剥离了地域美术与具体历史情境、社会情境之间的关联，看不到在具体情境下以自觉的方法对地域美术特点进行的深入剖析，看不到对地域美术独特性及其生命力的重视，仅仅停留在静态孤立的描述使得地域美术研究成果只具有材料价值，与地域美术研究的应有之义相差甚远"①。

于洋在论文《局部研究的普世价值：地域美术史及其方法论刍议》中指出地域美术研究存在的普遍问题，他认为当前的地域美术研究缺乏有效的方法论，过度强调地域性会导致陷入地理决定论的极端。"过度强调地域文化性格对于地域美术的影响。地域艺术史研究乃至地域文化研究，稍有不慎便会陷入地缘决定论的极端，即过度放大地域决定文化的绝对性。事实上，对于地域美术研究而言，地域性不过是某种特定的资源与背景，而非对艺术创作的全部内容，甚至也不是对于艺术创作的最重要的影响因素。""一项深入的地域美术史研究，应力求发掘并展现出这种时空并置的微妙结构，从中追求一种多样性基础上的共同感。"惟其如此，时间维度的历史学含量才能在一项以局部地域为对象的研究中提升其意义。

于洋认为，地域美术研究要"在'小中见大'的同时，秉持'同中求异'的精神，即在建构普遍联系的同时保持相对的独立性与个案性，这也正是地域美术研究的普世价值所在"。"研究初衷上的地方保护主义与'家乡偏好'（权且借用金融学界的'home bias'一词）、研究者的'故乡情结'，很容易变为地域美术史甚或地域文化史研究的动力来源。"他还提醒研究者避免在进行地域美术研究时的"主流皈依情结"，因为过分唯主流美术的马首是瞻，会导致美术史叙事模式与价值标准的趋同。于洋说："面对现当代中国的地方画派，一些学者与批评家试图通过推广某一地域的艺术家、画派来进入美术史的主流叙事。这种趋向的结果是相关研究片面地回避地域性特征，导致了叙述模式与价值标准的趋同。一些本已珍贵的具体研究，一经

---

① 刘佳帅. 空间视域下的地域美术研究：以建国以来的山东美术为例［D］. 济南：山东师范大学，2017：15.

'升华'，反而失去了它原初的优势和独特味道。"①

国内学术界专门研究这一课题的论文较少。艺术家、批评家邓平祥的展览评论文章《土气·现代性·理性——湖南第三届青年美展观后》（《美术》，1987）认为，湖南青年美术家的作品取材于湖南的风土民情，有很强的地域特色，但又不是强调地域传统的"土特产"，在审美气息上具有现代意识。李路明、邹建平作为湖南新潮美术的亲身经历者，以亲历者的"第一视角"撰写了多篇湖南青年美术家的创造评论，这些评论文字对本书的研究有着重要的参考价值。

李辉武在《作为地域美术史研究方法选择的口述美术史》（《创作与评论》，2012）一文中尝试用"口述美术史"的方法研究地域美术史。他认为，传统美术史叙述多侧重于鉴赏性质的美术家传记和作品辑录，而鲜有史学著述。当下的美术史研究又存在着学者热衷于宏大叙事的美术史通史写作的问题，如果将口述史方法引入湖南美术史研究中，就能建立起与本土文化相匹配的评价体系，从而找到湖南美术未来的方向与出路。李辉武借用口述史方法研究湖南美术史，在方法论上有创新性。该方法也是本书的主要研究方法，但口述访谈资料需要研究者进行专门的辨别才能使用。李蒲星的论文《湖湘文化与20世纪湖南美术》（《理论与创作》，1996），虽然没有直接涉及与本书有关的内容，但他以湖湘文化为视角研究湖南地域美术的方法对笔者很有启发。李蒲星认为区域地理、地貌差异、经济发展不平衡等因素都使得中华文化的民族性与地域性密切相关。他强调地域文化是抵制封建大一统文化单一性的强大力量。

在专著研究方面，吕澎、易丹的《中国现代艺术史：1979—1989》（湖南美术出版社，1992）、吕澎的《20世纪中国艺术史》（北京大学出版社，2006）、邹跃进的《新中国美术史：1949—2000》（湖南美术出版社，2002）

---

① 于洋. 局部研究的普世价值：地域美术史及其方法论刍议 [J]. 美术研究，2010（3）：87－88.

及高名潞等的《'85 美术运动》（广西师范大学出版社，2008）等中国美术史著作中，都将湖南美术家群体作为研究对象进行了叙述，但几本专著的文献资料与叙述方式基本相同，由于著作体例的限制，基本属于介绍加整体艺术特征的概述，对后来研究者有将地域美术家群体置于全国范围内比较的方法论上的帮助，但内容过于简略，近乎是湖南美术家群体的"名片"或按图索骥的线索图，既没有从地域美术研究的角度分析湖南美术形象的生成语境与地域差异，更没有重要画家群体成员作品的批评。马建成编著的《口述湖南美术史（1949—2009）》（湖南美术出版社，2013），是第一部湖南美术口述史著作，马建成与课题组成员历时三年，采访了两百多位湖南美术发展的推动者、管理者、参与者，以口述史特有的鲜活性还原、整理了不同历史阶段湖南艺术家们的第一手口述史资料，并收集整理了大量珍贵的历史图像。该著作不仅填补了湖南口述美术史研究的空白，也为后来的研究者系统性研究湖南美术史提供了丰富的资料。本书研究过程中的大量文献与图像资料均源于它。

目前，还没有看到国外学界专门研究 1978—1988 年间湖南美术家群体的著作或文章。

二、研究对象

本书的主要研究对象是 1978—1988 年间的湖南美术家群体。具体研究对象有：第一，湖南美术体制；第二，湖南新潮美术团体，如磊石画会、野草画会、O 艺术集团、《画家》群体、立交桥版画群体、怀化群体等画家群体的宣言和前言等文献资料、画家个体、代表作品等；第三，湖南省青年美术家集群展及参展画家、作品、展览研讨会。上述三项具体内容如下：

1. 改革开放后湖南美术体制与美术教育、美术出版的恢复与重建。结合全国美术界思潮，梳理既有研究文本，撰写文献综述，勾勒湖南美术体制的恢复与重建概貌。

2．湖南新潮美术团体研究。通过对磊石画会、野草画会等团体的组建、展览、艺术讨论等问题的研究，来梳理、分析和评价湖南新潮美术团体与地域文化之间的关系；结合其与外部美术团体的交流互动情况，进一步研究湖南地域美术的多样性与独特性。

3．湖南省青年美术家集群展研究。通过建设参展作品图像资源数据库，深入研究"集群展"的整体面貌与参展画家个体的语言风格，以及画家创作观念受地域文化（怀化群体、贺大田等画家的创作）与西方现代艺术思潮影响的情况。通过分析展览研讨会上的批评家与艺术家的论辩，来探讨湖南青年美术家不同的艺术思维与追求，以及对北京批评家中心话语权力的抗争。

三、研究方法

1．文献法。本研究需要收集整理文献资料，是前期研究的基础，所以要借助文献法进行研究。

2．访谈法。本研究需要对湖南青年美术家进行大量口述访谈工作，访谈法是本研究的重要方法。

3．图像学分析法、符号分析法、风格分析法，以及美术史研究的基本方法。本研究需要建立画家作品的图像数据库，并对作品进行分析阐释。

4．个案研究法。在研究的总体框架中，笔者需要对一些代表性画家进行个案研究并编撰创作年表。个案研究法能使文献研究更加生动，对个体画家进行个案研究也是湖南美术史研究的重要内容。

5．跨文化研究法。本研究以地域文化为视角研究湖南美术家群体，涉及艺术人类学、心理学、社会学、地理学等跨学科知识。跨文化研究法有助于检视画家行为的视野，使得研究丰满立体。

四、创新之处

1．研究视角新。目前，地域美术史研究是中国美术史研究领域的热点，多个省份都有地域美术史专著出版。但研究多为长时段通史，且很少涉及新中国成立后的内容。本研究以地域文化为视角，仅截取 1978—1988 年十年间的湖南美术家群体进行研究，为湖南美术史研究开拓了新视角。

2. 研究方法新。研究方法的创新在于突破既有地域美术史研究以线性时间为线索的固有模式，从地域视角展开研究。同时，打破地域美术史研究之于中国美术史整体研究的"主流皈依情结"，更注重地域美术史中的美术事件、美术家个案研究、代表作品的分析与评价，强调被长时段通史研究有意无意遮蔽的地域美术史成果。

第一章　地域文化视角下的地域美术研究

第一节　地域与地域文化

"地域"与"地域文化"在逻辑上有着先后的关系，一般来说，先有"地域"的概念，之后再有"地域文化"的概念。而"区域"概念要比"地域"概念在地理学的意义上范围更大，区域是自然地理要素与人文因素共同作用形成的一个综合体，并且更强调地方性、景观性、人文性以及系统性。刘佳帅在其博士论文《空间视域下的地域美术研究——以建国以来的山东美术为例》（山东师范大学，2017）中，将地域归纳为以下四个特征："1. 一种个人身份认同感，一种说明我们是谁的感觉。2. 一种社区感，成为一个大集体的归属感。3. 一种过去和将来感，一种我们身后和我们面前的地方感。4. 一种在家里的感觉，一种舒适感。"① 要掌握"地域"概念的内涵，首先，要知道"地域"是与"时间""文化传统"有关的。因此，要考察一个地域的文化艺术，就必须要与该地域的历史文化、风俗民情传统紧密联系起来。其次，在考察本地域的文化艺术时，必须要与其他地域的同类文化艺术进行比较研究。地域概念的特征就在于它与其他地域之间有着明显的差异

---

① 刘佳帅. 空间视域下的地域美术研究：以建国以来的山东美术为例 [D]. 济南：山东师范大学，2017：67.

与区别，以此来佐证本地域文化艺术存在的地理空间特征及自身的特征。同时，我们在考虑一个地域的文化艺术的同时，不仅要注意到表层的自然地理与自然经济，还要注意该地域的风俗习惯与礼仪制度，以及更深层次的价值观念等内容，不能把地域艺术文化研究置于"一块飞地"之上。我们知道，一个艺术家在表现自己的时代或生活时，通常会选择自己最熟悉的某一区域的现实生活或文化风俗的审美感受来反映世界。正如巴尔扎克所言，"小说就是要写出许多历史学家忘记写的那部历史，就是风俗史"①。

每个人的一生都处于某种特定的风俗文化的浸染与熏陶之中，这种风俗文化很自然地、潜移默化地渗透到了人的生活习惯、思想道德、心理结构、思维方式之中，使其具有某一民族和某一区域人群的鲜明特征。人们由于生存的需要创造了风俗，而风俗固化为一定形式后，又反过来塑造着人类自身。"风俗还带有综合性的特点，它既有共时性，又具有历时性，既是历史的产物，又是现实的存在；它既是物质性的，又是精神性的，既是看得见摸得着的物相，又是民族文化意识的寓体。"② 人类种族的血缘由地域和地缘决定，人的生存也必定受到地域和地缘的限制，人类之间由于地缘与血缘的联系，形成了人与人之间同血缘相连的社会关系。地域文化是一个有着十分丰富且驳杂内涵的概念，很难对其做出全面且准确的概括，它是在自然地形、气候的基础上，随着历史的演进，经过不断的整合与重构才形成的。地域文化一般指的是文化在一定的地域环境中与自然地理环境相融合之后，被深深地印上了地域的烙印。地域文化自身具有一定的地方性特征，它在历史文化的传统中受到多重因素的影响，例如自然环境、人文环境因素等。它具有一定的鲜明性、稳定性、综合性的特征。

中国历史的大一统文化范式在"独尊儒术"的强大主流意识形态思想的

---

① 巴尔扎克. 人间喜剧前言［M］//伍蠡甫. 西方文论选：下卷. 上海：上海译文出版社，1979：168.

② 田中阳. 区域文化与当代小说：对中国当代小说一个侧面的审视［M］. 长沙：湖南师范大学出版社，1996：9.

影响下，很大程度上限制或遮蔽了中国文化中的地域性因素的多元性和复杂性，但是地域文化在人类文明和社会发展中的意义却不容抹杀。我们熟悉的湖湘文化、齐鲁文化、吴越文化、岭南文化、巴蜀文化、巴渝文化、三晋文化、陕秦文化等地域文化中也包含着一种深层文化——地域方言。在整个文化系统中，地域方言是处于最隐秘、最深层次的"语言密码层"，也就是"符号层"，它是文化系统中最抽象也是最具形式的组成部分，是文化的遗传密码。不同区域的文化、地域方言及其他类型的文化遗传密码，说明地域文化始终在以隐性传承的方式存在着，不同的地域文化依靠不同的"集体无意识"隐性密码代代流传，在儒家大一统的主流文化模式影响下保留传承了不同的文化脉络和属性，进而丰富了中国文化的板块。因此可以说，"地域文化艺术"就是明确的"区域文化艺术"。事实上，区域文化的"区域"所指除了自然地理的区域之外，还有经济、政治、文化、生态、社会种种"区域"更丰富的学术界定，所以我们常说的"区域"文化的内涵并不是看起来那么简单。地域文化，概指依托于某个特定的地域，在长期的历史发展过程中逐渐形成的、特征鲜明、性质相对稳定的文化。人类学家认为，地域文化是指在一定空间范围内特定人群的行为模式和思维模式的总和。不同区域内的人的行为模式和思维模式是截然不同的，这种差异是导致文化差异性的主要原因之一。所以说，研究地域文化属于人文地理学的范畴。

地域文化是一门研究人类文化空间组合的文化学，它是涉及多门学科的边缘学科。因此，地域文化的研究不但要关注文化学方面的内容，同时还要借助地理学的研究方法。有学者认为，地域文化"是一门研究人类文化空间组合的地理人文学科，与文化地理学大同小异。所以，地域文化也可称为'区域文化'"①。唐永进则认为，地域文化就是一种传统文化，"地域文化专

---

① 路柳. 关于地域文化研究的几个问题：第一次十四省市区地域文化与经济社会发展研讨会综述［J］. 山东社会科学，2004（12）：88.

指中华大地特定区域源远流长、独具特色，传承至今仍发挥作用的文化传统"①。田中阳在其著作《区域文化与当代小说——对中国当代小说一个侧面的审视》中总结了区域文化与小说创作之间是互相影响的关系，他首先指出区域文化是由某一固定区域的外部自然环境如地理、气候等与内部人文环境两个方面构成的，区域的环境和气候对当代小说个性的形成有着深刻的影响。从艺术创作的主体角度来看，该区域里的"人"也影响着小说的艺术个性。如果带着区域文化色彩的"人"进入小说，就给小说带来了个性化的品格。也就是说，区域文化对文学作品在主题、形式、表现手法的选择与运用等多方面起着重要的影响作用。田中阳说："区域文化对当代小说个性的影响还通过对创作主体的影响体现出来。特定的区域文化同样孕育着小说家，塑造着小说家的主观世界。尤其是区域文化中的群体思维模式和心理因素，影响着小说家的包括直接或感受方向在内的主观世界，诸如精神气质、情感内涵，表情达意的方式，乃至价值取向和思维方式，等等。"②

　　学者张凤琦将地域文化的特征总结为三点："第一，地域文化与文化的基本特征一样，是模式化和符号化的，它是有规律可循的。地域文化是模式化的存在，不同的共同体或群落拥有不同的文化模式。第二，地域文化既然是特定区域内人们行为模式的总和，那么地域文化无疑是一个整体。地域文化的内涵也应当由三个层次构成，即物质层面的、制度层面的和哲学层面的。第三，从对地域文化概念的研究中，我们也可较为清晰地勾画出地域文化发生、发展的轨迹和特性——地域文化是由特定区域的地理环境、人们的生产方式和社会生活方式以及历史文化传统所决定的。也就是说，地域文化的形成和发展虽然是多种因素综合作用的结果，但是地理环境因素和社会人

---

　　① 唐永进. 繁荣地域文化，促进社会经济发展："地域文化与经济社会发展研讨会"述要 [J]. 天府新论，2004（5）：143.
　　② 田中阳. 区域文化与当代小说：对中国当代小说一个侧面的审视 [M]. 长沙：湖南师范大学出版社，1996：20－24.

文因素及其相互作用，则是地域文化形成的主要因素。"① 张凤琦还强调，文化学研究的是有人类以来所有的文化，并由于其研究对象的不同而分别有文化哲学、文化社会学、文化人类学等。地域文化的研究范围却要小得多，往往是集中在一个固定的区域内，探究与内容主要是特定人群文化的起源、发展乃至功能，以及这一特定人群的行为、习惯、信仰、社会组织等。

第二节　区域地理环境与文艺创作的密切关系

中国古代虽然没有论述地域文化的专著文字，但关于地域文化与文学、艺术之关系的思考十分丰富，这些文字中的一部分散见于地理学著作、二十四史中的地理志、不同地区的地方志等文献中，更多的还见于文人墨客的诗词歌赋别集、总集或者选集的序跋、游记、人物传记或正史中的人物传记、墓志铭等，以及笔记、诗话、词话等文艺批评论集中。早在《礼记》中，我们的先人就明白不同地理环境、风俗习惯与该地域中的人的性格形成之间的关系。《礼记·王制》中将地理环境差异与民风民俗的异同联系起来作比较："凡居民材，必因其天地寒暖燥湿，广谷大川异制，民生其间异俗，刚柔轻重，迟速异齐，五味异和，器械异制，及服异宜。"② 刘安在《淮南子·地形训》中对地理环境与人的性格养成进行了比较详细的论述，并提出了"土地各以其类生"与"皆象其气，皆应其类"的理论学说："土地各以其类生，是故山气多男，泽气多女；障气多暗，风气多聋；林气多癃，木气多伛；岸下气多肿，石气多力；险阻气多瘿；暑气多夭，寒气多寿；谷气多痹，丘气多狂；衍气多仁，陵气多贪。轻土多利，重土多迟；清水音小，浊水音大；湍水人轻，迟水人重。中土多圣人，皆象其气，皆应其类。……坚土人刚，

---

① 张凤琦. "地域文化"概念及其研究路径探析 [J]. 浙江社会科学，2008（4）：65－66.
② 礼记正义·王制 [M] //清阮元校刻十三经注疏. 北京：中华书局，1980：1338.

弱土人肥；垆土人大，沙土人细；息土人美，耗土人丑。"①

司马迁在《史记·货殖列传》中将地域文化中的具体地理环境与民俗风情联系了起来。"楚越之地，地广人希，饭稻羹鱼，或火耕而水耨，果隋蠃蛤，不待贾而足，地埶饶食，无饥馑之患，以故呰窳偷生，无积聚而多贫。是故江淮以南，无冻饿之人，亦无千金之家。沂、泗水以北，宜五谷桑麻六畜，地小人众，数被水旱之害，民好畜藏，故秦、夏、梁、鲁好农而重民。三河、宛、陈亦然，加以商贾。齐、赵设智巧，仰机利。燕、代田畜而事蚕。"②

刘勰的《文心雕龙》是我国古代文学史上不可多得的文学理论批评专著，在中国文学理论史上有着极高的地位，素有"体大思精"之誉，鲁迅认为它可以和亚里士多德的《诗学》相媲美。《文心雕龙》共50篇，其中从《神思》到《总术》的19篇，主要阐释文章的创作与风格，亦称"创作论"，较详尽地论述了文学创作的主客观条件及规律。在《文心雕龙》第四十篇《隐秀》中，刘勰指出地理环境对作家及其作品风格的形成有着很深的影响，"朔风动衰草，边马有归心，气寒而事伤，此羁旅之怨曲也"③。刘勰在《文心雕龙》中提出的"江山之助"则更是论述地理环境是艺术家及艺术作品风格形成影响因素的重要美学理论。刘勰只是举了屈原的例子，说屈原之所以能够洞察和欣赏《诗经》中的《国风》、楚国民间骚体诗歌的意蕴，进而创造出了地域特征浓郁的诗篇，大抵是受到了荆楚之地山水风物的襄助："若乃山林皋壤，实文思之奥府，略语则缺，详说则繁。然屈平所以能洞监《风》《骚》之情者，抑亦江山之助乎！"④

关于地理环境与文化之间的差异，早在刘勰提出"江山之助"之前，已

---

① 刘安. 淮南子·地形训［M］//冯友兰. 三松堂全集：第九卷. 郑州：河南人民出版社，2000：142.

② 司马迁. 史记［M］. 北京：中华书局，1982：3236.

③ 范文澜. 文心雕龙注：卷八［M］. 北京：人民文学出版社，1958：632.

④ 范文澜. 文心雕龙注：卷十：物色第四十六［M］. 北京：人民文学出版社，1958：695.

有人注意到了南北文化的差异。刘义庆就在《世说新语·文学》中有记载："褚季野语孙安国云：'北人学问渊综广博。'孙答曰：'南人学问清通简要。'支道林闻之，曰：'圣贤固所忘言，自中人以还，北人看书如显处视月；南人学问如牖中窥月。'"① 孙安国等三人用魏晋名士独特的语言简洁明了地道出了南北学问的不同，可见，当时的名士对不同地域之间所存在的不同文化特色已经有了相当的认识。

《中国地域文化丛书》的"编辑札记"中也曾援引古代地方志、学者序跋中的文字，来说明中国古代学者对这一问题的长期关注。

邹人东近沂泗，多质实；南近滕鱼，多豪侠；西近济宁，多浮华；北近滋曲，多俭啬。（《邹县志》）

平原故址，其地无高山危峦，其野少荆棘丛杂，马颊高津，径流直下，无委蛇旁曲之势，故其人情亦平坦质实，机智不生。北近燕而不善悲歌；南近齐而不善夸诈，民醇俗茂，悃愊无华。（《陵县志序》）

潇湘间无土山，无浊水，民秉是气，往往清慧而文。（《刘禹锡〈送周鲁儒序〉》）

吾郡少平原旷野，依山而居，商贾东西行营于外，以就口食。然民生得山之气质，重矜气节，虽为贾者，咸近士风。（《戴震文集》卷十二）

浙东多山，故刚劲而邻于亢；浙西近泽，故文秀而失之靡。（《旧浙江通志》）②

清代画家沈宗骞在《芥舟学画编卷一·山水宗派》中讨论了地域性格与地域绘画的关系："天地之气，各以方殊，而人亦因之。南方山水蕴藉而萦纡，人生其间得气之正者，为温润和雅，其偏者则轻佻浮薄。北方山水奇杰而雄厚，人生其间得气之正者，为刚健爽直，其偏者则粗厉强横。此自然之

---

① 朱铸禹. 世说新语汇校集注［M］. 上海：上海古籍出版社，2002：189.

② 田中阳. 区域文化与当代小说：对中国当代小说一个侧面的审视［M］. 长沙：湖南师范大学出版社，1996：183—184.

理也。于是率其性而发为笔墨，遂亦有南北之殊焉。"①

　　上海"中国画会"的发起人和执行委员郑午昌所写的《中西山水画思想专刊展望》对历史进化原则及艺术的时代精神和民族特质进行了再次强调："我们既不能忘却我们所处立的地域，也不能忘却我们所生的时代。在历史进化的过程中，一时代有一时代的艺术，同一时代而又有各个民族的独特的艺术，以其环境及历史的条件反映使然也。"②

　　近代政治家、思想家梁启超先生是中国借用科学研究方法探讨地域文化与文学之间关系的第一人。20世纪初，梁启超就连续发表了多篇论述地理与文明、文化关系的论文，其中包括《中国地理大势论》《地理与文明之关系》《近代学风之地理分布》《亚洲地理大势论》等。他的《中国地理大势论》集中讨论了中国地理环境南北差异的特征，包括民俗风情、学术思想、文学艺术等与地理环境的关系。梁启超认为，中国地理南北对峙差异是受"地理环境之影响"。同时，南北的哲学、经学、佛学等都存在差异，"皆受地理上特别之影响"，"亦未始非受地理之影响使然也"。在谈到绘画书法等艺术形式时，他说："画学亦然，北派擅工笔，南派擅写意。……书派之分，南北尤显，北以碑著，南以帖名。……西梆子腔与南昆曲，一则悲壮，一则靡曼，犹截然分南北两流"。对诗词风格的论述，也是如此。"燕赵多慷慨悲歌之士，吴处多放诞纤丽之文。"③事实上，20世纪初，中国学术界的潮流是对地理与文化、地域文化与文学艺术的探讨。除梁启超外，还有王国维、李大钊、丁文江、顾颉刚等众多学者就中国地理与文化的关系进行讨论。著名历史学家陈寅恪的《隋唐制度渊源略论稿》就明确指出："盖自汉代学校

---

　　①　沈宗骞. 芥舟学画编卷一·山水宗派［M］//潘耀昌. 中国历代绘画理论评注：清代卷. 下. 武汉：湖北美术出版社，2009：72.

　　②　李伟铭. 近代语境中的"山水"与"风景"：以《国画月刊》"中西山水画思想专号"为中心［J］. 文艺研究，2006（1）：109.

　　③　梁启超. 中国地理大势论［M］//梁启超. 饮冰室合集：第十册. 北京：中华书局，1989：84－87.

制度废弛，博士传授之风气止息以后，学术中心移于家族，而家族复限于地域，故魏晋南北朝之学术、宗教皆与家庭、地域两点不可分离。"①

除文学大家、历史学家讨论地理与文化、地域与文学的关系外，早在民国时期，就已有学者撰写地域性美术史著作，如1917年罗元黼编撰的《蜀画史稿》、1928年汪兆镛编纂的《岭南画征略》、1928年王瞻民编著的《越中历代画人传》、1930年庞士龙编著的《常熟书画史汇传》等。这些著作已经反映出民国时期美术史学者的地域研究意识。

西方先哲对地理环境与人类活动、政治制度的属性之间的关系也都有论述。如柏拉图、亚里士多德都认为，地理位置、气候、土壤等影响个别民族特征与社会性质。亚里士多德认为，希腊人之所以能组织起运行良好的政府，就是因为他们所处的希腊半岛属于炎热与寒冷气候的交界处，这种气候赋予了希腊人优良的品性。② 法国启蒙思想家孟德斯鸠在其著作《论法的精神》中援引并扩展了亚里士多德的理论，孟德斯鸠认为不同地域环境中，气候的不同对民族的性格、心理、宗教信仰与政治制度起着决定性作用。"气候的影响是一切影响中最强有力的影响。""气候王国才是一切王国的第一位。"③ 孟德斯鸠强调，气候对人的性格和气质的形成有决定性的影响力，而人的气质和性格又反过来决定了其所在国家的政治法律制度。

哲学家黑格尔也十分注重地理环境，把它看作历史的主要的、必要的基础。黑格尔将地理环境分为干燥的高地同广阔的草原和平原、平原流域以及与海相连的海岸线区域等三种主要类型。④ 黑格尔还具体指出，在这三种不同类型的地域生活着的人们，由于地理环境的影响，劳作形式与民族性格都大相径庭，并进而引申出社会制度的不同。如生活在干燥的高地、广阔的草

---

① 陈寅恪. 隋唐制度渊源略论稿［M］. 上海：上海古籍出版社，1982：17.
② 亚里士多德. 政治学：第7卷［M］//苗力田. 亚里士多德全集：第9卷. 北京：中国人民大学出版社，1994：243－244.
③ 孟德斯鸠. 论法的精神［M］. 北京：商务印书馆，1961：303－311.
④ 黑格尔. 历史哲学［M］. 上海：三联书店出版社，1956：123，131－132.

原和平原地区的人们，一般过着游牧生活，他们的社会制度的特点一般是家长制。而生活在和海岸线相连的地域的人，善于经商，从事商业活动并热衷于追求利润。与刘勰一样，黑格尔也强调"江山之助"，但他没有像孟德斯鸠一样过分强调地理气候对人气质和性格的绝对影响，他认可希腊爱奥尼亚的晴朗天空对荷马史诗的优美有影响，但也辩证地明确指出，爱奥尼亚明媚的天空并不能单独产生荷马。

马克思、恩格斯认为，地理自然环境对人类活动、民族气质的形成有一定影响，但不是决定性的影响，并且也认为这种影响并不是一成不变的。"人创造环境，同时环境也创造人。"①

马克思主义哲学家普列汉诺夫认为，每一个民族的气质中都留存着由于地理环境影响所引起变化的痕迹。这些民族气质的特色对于他们的艺术史的形成与发展有着"毫无疑问的影响"。"每一个民族的气质中，都保存着某些为自然环境的影响所引起的特色……这些民族气质的特色对于某些思想体系的历史，譬如艺术史，会给予一种毫无疑问的影响。"② 西方著名的哲学家、思想家都重视地理环境在人类文明的发展中所产生的重大作用。

西方近现代著名文艺理论家、批评家对地域文化与艺术之间关系的思考更加系统且深入。丹纳是法国著名的文艺理论家、历史学家、艺术史家，他的著作《艺术哲学》经傅雷先生优美的文笔翻译后，在我国艺术界广为人知，毫不夸张地说，几乎达到了人手一册的传播程度。丹纳的《艺术哲学》集中讨论了地理环境因素对人类族群社会生活的影响。丹纳认为，在人类的社会生活中出现各种各样不同情况的直接原因，是人类所处地域的环境气候因素对人的生理产生了影响。而且，人类开始在某一地域生活时的社会发展的文明程度，与该地域地理环境影响的大小、深浅有紧密的关系。丹纳指

---

① 马克思，恩格斯. 德意志意识形态 [M] //马克思，恩格斯. 马克思恩格斯全集：第 3 卷. 北京：人民出版社，1960：43.

② 普列汉诺夫. 论唯物主义的历史观 [M] //普列汉诺夫. 普列汉诺夫哲学著作选集. 上海：三联书店出版社，1959：186.

出，一个民族在一个地域定居时文明程度越低，"越愚昧、越幼稚"，他们身上遗留着的乡土痕迹就越深刻。傅雷先生在《艺术哲学》的译者序中说："物质文明与精神文明的性质面貌取决于种族、环境、时代三大因素。这个理论早在十八世纪的孟德斯鸠，近至十九世纪丹纳的前辈圣伯夫，都曾提到；但到丹纳手里才发展为一个严密与完整的学说，并以大量的史实为论证。"①

人类的生存与地理环境因素关系紧密，同样，人类的生存离不开对自身心理环境的考察。丹纳将地域与风俗看作人类文明的要素。他在《艺术哲学》中说，不同的地域有特殊的作物与草木，这两者跟着地域一同开始，一同结束，地域的存在与否，是植物存在与否的先决条件。丹纳所谓的地域就是某种温度、湿度和某些主要形势，也就是我们常说的时代精神与风俗概况。自然界有自然界的气候，而精神方面也有自己的气候，精神气候的变化决定着这种或那种艺术风格的出现。丹纳说："我们研究自然界的气候，以便了解某种植物的出现，了解玉蜀黍或燕麦，芦荟或松树；同样我们应当研究精神上的气候，以便了解某种艺术的出现，了解异教的雕塑或写实派的绘画，充满神秘气息的建筑或古典派的文学，柔媚的音乐或理想派的诗歌。精神文明的产物和动植物界的产物一样，只能用各自的环境来解释。"②

丹纳在《英国文学史》中提到，"种族、环境、时代"是决定文学创作及其发展的三个不同的根源。③ 丹纳并不是地理决定论者，他认为种族因素属于人的先天遗传因素，是内部的根源，而时代文化因素是后天形成的。在三个根源因素中，丹纳最重视的是环境因素的影响力，环境因素对文学艺术的发展形成了外部的压力与刺激因素。"必须考察种族生存于其中的环境。因为人在世界上不是孤立的；自然环境环绕着他……物质环境或社会环境在影响事物的本质时，起了干扰或凝固的作用。有时，气候产生过影响……以

---

① 丹纳. 艺术哲学 [M]. 傅雷，译. 北京：人民文学出版社，1963：3.

② 丹纳. 艺术哲学 [M]. 傅雷，译. 北京：人民文学出版社，1963：8−9.

③ 丹纳. 英国文学史·序言 [M] //伍蠡甫. 西方文论选：下卷. 上海：上海译文出版社，1979：236.

日耳曼民族为一方面和以希腊民族与拉丁民族为一方面，二者之间所显出的深刻差异，主要是由于他们所居住的国家之间的差异：有的住在寒冷潮湿的地带，深入崎岖潮湿的森林或濒临惊涛骇浪的海岸，为忧郁或过激的感觉所缠绕，倾向于狂醉和贪食，喜欢战斗流血的生活；其他的却住在可爱的风景区，站在光明愉快的海岸上，向往航海或商业，并没有强大的胃欲，一开始就倾向于社会的事务，固定的国家组织，以及属于感情和气质方面的发展如雄辩术、鉴赏力、科学发明、文学、艺术等。"①

我们从地域文化视角研究现代文学的结果可以管中窥豹。

金克木先生是国内较早提出文艺地域学设想的学者，他在 1986 年发表的论文《文艺的地域学研究设想》中总结说，长久以来，我国的文艺研究在方法上擅长且偏爱用"编年表"的方式从线性的角度进行"点"的研究，不怎么重视从整体的角度来"画文艺地图"。

金克木先生认为，文艺地域学研究要考虑文艺的分布、轨迹、定点与播散四个方面，同时还可以有其他方面的研究，在研究过程中要重视"排等高线""标走向""流向"等交互关系。金克木先生认为，文艺地域学研究不应只考虑文艺的自然地理因素，还要看到经济地理与人文地理等因素之间的关联。金克木先生说："从地域学角度研究文艺的情况和变化，既可分析其静态，也可考察其动态。这样，文艺活动的社会现象就仿佛是名副其实的一个'场'……作品后面的人不是一个而是一群，地域概括了这个群的活动场。"② 金克木先生提及的"场"就是地域文化环境，不只是指某个特定的地区，还兼指自然、社会、经济、政治、文化。文艺研究的对象也要针对艺术创作的主体——作家、作品、作品的艺术风格特征、作品内容所表现的主题以及艺术作品的受众（如作序跋者、评点者、收藏者等）、传播者（在文

---

① 丹纳. 英国文学史·序言［M］//伍蠡甫. 西方文论选：下卷. 上海：上海译文出版社，1979：237－238.

② 金克木. 文艺的地域学研究设想［J］. 读书，1986（3）：85.

学上指说书人、刻书人、演员等）。艺术家的籍贯之于文学作品研究的重要性在于，籍贯不单单是一个作家、艺人的出生地，也与他的艺术创作风格的形成、生活经历、创作的环境及所受的文化熏陶有着紧密的关系。①

赵心宪认为，20 世纪 90 年代初，在中国现代文学研究领域涌现出一批地域文化视角下的现代文学史专著，有力地证明了当时"地域与文学"的相关研究成果。当时出版的这一批文学史著作中，对于地域空间的划分标准有以政治运动为参考进行划分的，如《中国解放区文学史》；有以行政区域为标准确定研究的地域空间的，如《江苏新文学》等。90 年代初，研究者也发表了地域文化视角的文学史研究成果，其中比较著名的有《"山药蛋"与三晋文化》等。有学者认为，这是为中国现代文学研究开拓了"新领域"。

毋庸讳言，地域文化视角的研究方法在中国现当代的美术研究中存在着巨大的潜力。学者邓经武建议用"地域文化学视角"来替代"地域文化视角"，因为他认为"地域文化视角"表述过于笼统，指向不明，用"地域文化学视角"来研究艺术家（文学家）创作风格的形成与地域环境因素之间的关系，也是文化人类学所追求的核心。"地域文化学视角"的综合性特征可以有效避免孤立静止地、简单化地研究一个画家及其创作历程，从而自觉地运用地理学上的"地域"概念，将艺术家视为一个有生命的自然物，而肉体之外的地理、环境、气候等属于其他自然。这就是马克思所说的两种自然，即人自身自然，以及人身外自然。同时也说明了人对外部自然的充分依赖性。这就是马克思、恩格斯所说的"任何历史记载都应当从这些自然基础以及它们在历史进程中，由于人们的活动而发生的变更出发"②。通过这句话我们不难看出，马克思将自然环境看作人维持自身生存不可或缺的客观环境、客观条件，同时也承认了自然环境对人类自身活动的客观制约性。马克思的经典论述从一个侧面为我们以"地域文化视角"研究中国现当代美术提

---

① 金克木. 文艺的地域学研究设想 [J]. 读书，1986（3）：86－88.
② 马克思恩格斯文集：第 1 卷 [M]. 北京：人民出版社，2009：519.

供了方法论。

从地域文化学视角来看，地域文化的本质与文学风格生成关联的源头关系就比较清楚了："地域文化是一种民间话语系统，民间的方言、俚语、特定情境下的语意传递甚至还有'黑话'，都是特定社会的特定构成和特定文化的真实表现，是根植于一个地域族群内心深处的'历史记忆'。在这种'历史记忆'作用下的地域族群，无论是'他乡遇故知'还是民歌大合唱，就会自然而然地形成一个文化言说的'言语族群'。"① 学者邓经武谈及地域文学研究的核心问题时说，优秀的文学之所以被人瞩目，取决于作家"最富于个性独特的语言"及艺术形象的塑造。而这种个性往往又来自作家青少年时期生活中所吮吸到的地方人文风习，也就是说"一个作家在人生观、性格形成的时期，周围的一切都在制约着他的行为方式、语言习惯、方音特点，以及价值观念等特征的形成"。"一个地区运行流布的地域文化，积存着这块土地上世代繁衍不息的族群的原始记忆。这就是'存在决定意识'。"②

事实上，任何文学艺术的生产，都需要一定的地理基础，无论是艺术家还是艺术品，无不面对一个地理环境与空间的问题，都不能脱离特定的时空而存在。梅新林、葛永海 2017 年在《文学地理学原理》一书中提出并论述了文学地理学研究的"三原理论"。2020 年，葛永海教授在《理论路径与价值——论文学地理的三重自觉》一文中提出文学地理研究的"四种地理"理论。按照前后次序，葛永海将这四种地理依次划分为：第一，作家籍贯地理论；第二，作家活动地理论；第三，作品描写地理论；第四，作品传播地理论。这四个层序的地理理论，囊括了文学地理研究的所有对象与内容。"一切文学地理问题皆莫能脱离此'四种地理'之外。通过对这四个层序动态的、立体的、综合的分析研究，不仅可以使我们更真切地了解文学家的生活环境，复原文学家重构的时空场景，揭示隐含于文学家意识深层的心灵图

---

① 邓经武. 地域文化学视角下的文学问题 [J]. 文艺争鸣，2011 (17)：123.
② 邓经武. 地域文化学视角下的文学问题 [J]. 文艺争鸣，2011 (17)：124－125.

景，而且还可以由此探究文学传播与接受的特殊规象。'四种地理'说无疑为文学地理研究的对象指认和路径导引提供了重要依据。"①

梅新林、葛永海提出的文学地理学研究的"三原理论"具体指版图复原、场景还原、精神探原。版图复原的侧重点在于将作家相关联的外部地理空间进行学术复原。葛永海所说的文学版图中的"版图"，意指作家的籍贯、活动的地理空间。地理文学中的版图复原是要通过文学家的籍贯地理、文学创作与文学传播的地理空间分布与流向，还原为"时空并置交融的一个立体的文学图景"。它重点要解决的是文学家"在哪"的问题。场景还原理论是文学版图复原与精神探原的中间环节，它用来给研究者或读者描述"它是什么样"的问题。这里的场景主要指文学家或文学人物活动的空间情景，它有高度个性化与不可重复的特征，"旨在强调从文学概念或对某种文学现象的概括向具体鲜活、丰富多彩的特定时空场景还原，向更接近于文学存在本真的鲜活样态还原，并通过不同时空的场景链接而走向动态化、立体化、集成化与虚拟化"②。精神探原是文学地理研究的终极指向，通过研究它在哪、它是什么样到它最终意味着什么的问题，主要通过文学的审美空间进行有意义的追问与精神内涵的升华，也就是葛永海认为的"价值内化"。它是经过文学家的审美观照，自然地理空间的审美积淀，逐步升华为具有美学价值的文学世界的精神家园乃至精神动力。

在具体的研究实践中，"四种地理"与"三原理论"结合会形成几种具体有效的研究模式。第一，"作家籍贯地理＋精神探原"。这种研究方式无论是对于文学研究还是对于美术研究都比较常见，在本书的研究中，笔者会主要运用这一方法，从作家或美术家的籍贯入手来探讨其作品的精神内涵。第二，"作品描写地理＋精神探原"。例如本书的研究对象，湖南美术家群体中

---

① 葛永海. 理论路径与价值：论文学地理的三重自觉［J］. 中国石油大学学报（社会科学版），2020（6）：79.

② 葛永海. 理论路径与价值：论文学地理的三重自觉［J］. 中国石油大学学报（社会科学版），2020（6）：80.

的个体画家，他们虽然大多生活在湖南，但其作品描绘的既有湖湘地理环境，也有远在大西北的黄土高原、戈壁沙漠。这些作品中的地理空间图像，既具有人文空间的意义，又是画家向往、想象或追慕的精神空间。第三，"作家活动地理＋作品描写地理＋精神探原"①。在中国文学史上，从魏晋南北朝至明清的各个时代，文人都通过游历描绘了独具特色的"江南想象"。其中的"江南情结"引人深思，也是文学研究时对文学家、文学文本精神探原的重点所在。在中国美术史上，从古至今的众多美术家有的通过亲身游历，有的通过绘画作品，描绘了众多地理环境的现象图景，以此来寄托忧国忧民或退隐山林的精神追求。在所有绘画类型中，中国山水画是最适合寄托艺术家精神世界的画种。在 20 世纪 80 年代，湖南青年画家们同样如此，如磊石画会的萧沛苍、王水清、陈秉耕、刘云等就借助风景画的形式将日常生活的地理环境审美化，而刘庄、马建成等画家却将视角转向了想象中的青藏高原、西北沙漠，通过绘画语言与历史、自然对话，其画中传递出强烈的精神寻根意识。

正如葛永海呼吁的，在传统以时间为线索的研究方式之外，希望后来者能转移视线，做到时间与空间贯通，重视空间维度，另辟蹊径，将文学地理研究逐步从传统的注重外在转向更关注内在，努力提升研究水平，"从宽泛走向纯粹、从浅表迈向深邃"。"希望研究者全面提升理论研究的本体认知，明确自己在研究什么、为什么这样研究以及研究的目标方向、价值意义，从而明确主旨，重建框架，掌握概念，运用方法，不断砥砺学术品格，提升学术品质。"②

上述文字粗略地梳理了 20 世纪 80 年代以来，随着一个新的、更加专业的领域即人文地理学的兴起，地域文化视角下的中国现当代文学艺术在文学

---

① 葛永海. 理论路径与价值：论文学地理的三重自觉［J］. 中国石油大学学报（社会科学版），2020（6）：79.

② 葛永海. 理论路径与价值：论文学地理的三重自觉［J］. 中国石油大学学报（社会科学版），2020（6）：80.

地理学方面的研究现状、研究方法、研究理论等问题。自 20 世纪 80 年代开始文化转向后，地理学研究者将视角也投向了文化取向。与此同时，社会学、政治学、文学等学科也开始空间转向，社会空间问题受到前所未有的关注。后现代主义对"空间"的重视，使得更多的学科如文学、艺术以及其他文化形式的传统研究方式也开始向人文地理学、文化地理学转向。人文地理学研究的特征是总体考虑自然环境对于人类生存活动、精神活动的影响，以及自然与人类的总体关系。人文地理学最关注的是人造物及其与文化的关系。"因此，文化地理学也就得以形成：它研究人类文化的定义以及各种文化（无论怎么理解这一术语）在全球的传播。传播或扩散的概念暗含了随时间发展以及穿越空间的一种观念。"①

按照学科的从属关系来看，艺术地理学或文学地理学都属于文化地理学的分支。学术界把艺术或文学与地理联系在一起讨论，并不是一个新思潮或者新的研究"范式"。

艺术地理学概念，最早是由 20 世纪初的欧洲德语国家的艺术史学者提出的，最初的目的就是要为一般的艺术史研究提供新的视角。纵观中外艺术史，虽然艺术地理学没有成长为一个独立的学科，它的学术体系依然不够成熟，但是在各种类型的艺术史撰述中都会梳理出大量的对艺术地理学的描述，有关艺术地理学的讨论也从未缺席。当前的艺术理论界对艺术地理学的研究对象与问题都有一个基本共识，就是考察艺术的制作、生产或传播与艺术发生地域之间的关系：关联性、决定与被决定、影响与被影响。研究不同地域之间的艺术史是如何传播或接触进而相互影响发生联系的，艺术史是如何在某个民族、文化、地区、国家产生认同感的。因此，艺术地理学方法论中，有关艺术家的身份、地域、中心、边缘、传播、流通及交流等问题最受研究者的关注。然而，倡导用当代艺术地理学重新审视艺术史的学者，反对

---

① 托马斯·达克斯塔·考夫曼. 艺术地理学：历史、问题与视角 [J]. 刘翔宇，译. 民族艺术，2015（6）：110.

提出一般性法则或者一种能包罗万象的法则来研究艺术史，他们比较注重重新关注曾经被主流艺术史所忽视、遮蔽的处于边缘地位的艺术家及其创作活动。目前的艺术地理研究，更多的是关注大都市、中心与边缘、起源与传播、区域差异以及文化或艺术景观等更为多元化、差异化的课题。艺术家在创作时，不仅在主观情感方面会受到地理因素的影响，而且艺术家通常会把这种地理因素的影响通过创作时对主观情感的抑或动机、构思的物化过程带到艺术品生产的每一个环节之中。由此，地理环境等外部因素对艺术品的创作、媒介选择、艺术家的心理机制乃至画迹表象等多方面的影响作用就会显示出来。这种影响大多数时候并不是十分明显，没有一个清晰的标志供我们参照，需要研究者进行"文本"细读，以传统的形式批评方法，从具体作品的构图、色彩（墨法）、笔法、主题、题材到意境营造等构成艺术品的全方面要素特点，结合艺术家进行艺术创作时的区域地理特征、气候的干湿度、岩石形质、植被特征状况等地理要素特点一起进行逐一剖析。以地域视角探讨艺术家、艺术生产与区域地理的关系，也是在对传统的艺术史研究进行校正。综观既有的中国美术史研究，我们会发现以往的美术研究中其实早已自觉或不自觉地触及到了艺术地理的方法，例如对明清诸多地方画派的研究，对敦煌石窟、云冈石窟等石窟开凿时的地理环境的考虑，以及对建筑、陵墓艺术的研究等。

　　美国艺术史家托马斯·达克斯塔·考夫曼认为，艺术地理学的核心是艺术，关于艺术地理学和环境的宏大理论也要重新回到对"艺术"这一关键词的探讨中来。"在新艺术地图的导言中，奥涅斯再次提出艺术的生产源于人类的生物特性，并进一步将视觉反应与内在的视觉网络关联起来。因此，艺术传统被认为源自对物理环境的直接反应，物理环境提供了资源，但同时也带来限制和束缚。只有外来的力量，包括军事的、商业的、意识形态的和宗教的，才能够打破这些艺术传统并引起变化。"[①] 当前的艺术史研究遮蔽我

---

① 托马斯·达克斯塔·考夫曼. 艺术地理学：历史、问题与视角［J］. 刘翔宇，译. 民族艺术，2015（6）：111.

们视线的是艺术所处的空间，而不是时间。所以，我们在艺术史研究过程中，要时刻提醒自己不被历史决定论所羁绊，应该注重空间叙事之于艺术史风格形成的重要影响，力争为阐释性的地理学与艺术史之间的融合架设桥梁。正如前文所述，这是艺术与人与地理环境之间相辅相成的共生关系问题。"风景之美不仅仅意味着天地自然本身的优越，也体现了当地民族的文化、历史和精神。从这个意义上说，谈论中国的风景之美，同时也是谈论中国的民族精神之美。"①

第三节　地域文化视角下文艺创作存在的问题

尽管理论研究者与实践者都明白，无论是"地域美术"还是"美术地理"，其核心依然是美术，然而现实存在的问题却是，与地域文化视角下的现当代文学研究一样，当前美术界关于美术地域性的研究同样是在"美术的文化地理学研究"与"地理的美术性文化研究"两个主要研究目标之间摇摆不定。

赵心宪认为，现代文学与区域文化研究还涉及历史学、文化学、宗教学、人文地理学、社会心理学，以及中国古代文学、近代文学、现当代文学等多门学科，难度比较大。② 地域文化视角下的现当代美术研究又何尝不是如此。我们以地域文化的视角来审视 20 世纪的现当代美术创作，并不能简单地证明地域文化因素对现当代美术发展的决定性影响，而应从大处着眼，探究现当代美术现代性"大叙事"的整体格局。

赵心宪指出，文学地理学的精髓在于使文学研究与区域地理、人文等因素接通，恢复文学存在的生命与根脉的学术目标。不过当前的研究依然存在

---

① 东山魁夷. 中国风景之美［J］. 世界美术，1979（1）：31.
② 赵心宪. "地域文化与文学"研究的方法问题：巴渝文化名人研究学术思考之五［J］. 重庆第二师范学院学报，2018（3）：51.

着较大的问题。"考察文学研究与地域文化的关联，便有了'地域文化与文学'的学术命题，而跨学科确认文学研究与地理的关联，是'地域文化与文学'学术研究走向世界，实际接受文化人类学价值取向的表征。"①

21世纪以来，文学地理学研究进展迅猛，批评方法的文学地理学知识谱系已经成形。邹建军、周亚芬在论文《文学地理学批评的十个关键词》中，就已经将文学地理学的批评方法概括成十对关键词：第一，文学的地理基础与文化基础；第二，文学的地域性与文学的地理性；第三，文学的地理批评与空间批评；第四，文学作品中的自然意象与人文意象；第五，文学的地理空间与审美空间；第六，文学的地理空间与文学的宇宙空间；第七，文学的生态批评、环境批评与地理批评；第八，文学的时间性与空间性；第九，文学地理空间的限定域与扩展域；第十，文学地理学批评中的人类中心与自然中心。② 这十个关键词无一不是以地理为基础、以空间为前提展开的，没有偏离文学这一主体，并不是将文学研究依附于地理学，使其成为文化地理学的素材或史料的堆砌。

不过，关于文学研究与地理学的主次关系问题，教鹤然认为，"在当前中国现当代文学研究语境下，地域、地方、地景、空间等一系列文化地理学概念应当从具体文学研究内容中脱形，并进一步构成抽象的文学研究方法。比如，当我们翻阅差异性个体对于不同城市的不同时空记忆时，可以通过地域空间文化语词勾连线索，在都市形成的时空进程内，寻找到不同作家想象建构的共性联结点，也可以从个体经验中抽象出乡土与都市的转变、现代化对地方与空间的影响等富有张力的研究议题"③。教鹤然在文章中指出，文

---

① 赵心宪. "地域文化与文学"研究的方法问题：巴渝文化名人研究学术思考之五 [J]. 重庆第二师范学院学报，2018（3）：53.

② 邹建军，周亚芬. 文学地理学批评的十个关键词 [J]. 安徽大学学报（哲学社会科学版），2010（2）：36.

③ 教鹤然. 地域文化视角下的文学现象解读 [EB/OL]. （2016-09-19）[2016-09-20]. http：//sscp. cssn. cn/xkpd/wx＿20167/201609/t20160919＿3204809. html.

学研究的关注点应该以文学的复杂性为重。他认为，在既有的地域文化视角下研究中国现当代文学，也存在着发人深省的问题。首先，尽管中国现代文学研究在理论上很容易让研究者从西方相关理论中找到契合点，使得中国现当代文学研究者在运用西方文化理论来阐释和分析中国现当代文学文本时找到了重要的理论依据，但是，"西方文论的运用不应遮蔽中国不同质态地域文化的非均质化风貌对于文本和文风的养成，更要避免在论述中过度依赖西方经典地域文学理论，最终丧失了阐释中国经验的说服力和合理性，使文学研究流于地域文化理论的僵化套用"①。另一个在教鹤然看来比较严重的问题是，固化地将某地区文学及作家与该地区文化建立对接阐释关系的研究模式。他认为，之所以倡导以地域文化的视角关注文学，就是要在方法论上突破传统文学研究将视角局限于文学文本的陈规，在传统的文学文本外部找寻一种能还原文学的丰富性与复杂性的可能。研究者可以根据文本形成的地理环境，对具有某种"共通性"或"差异性"的文本加以分类和区别，也可以通过对不同地域中特殊的分属进行考证，以此来加深对文学作品的"再认识"和"再解读"。当然，同样的方法，研究者可以借助文学家创作时所处的时空环境与地域文化的特色，来追寻探究文学家的创作风格的形成。教鹤然也提醒研究者，若僵化地运用这种研究方法，也会出现将研究对象即作家"内心精神世界丰富性的限缩和简化的嫌疑，进而偏离甚至遮蔽作家文学生命的本质"②。

但也必须要指出的是，新中国成立以来学术界对人文地理，尤其是文化地理学研究的长期忽视，使得这些已经触及地理学概念的美术史研究，与传统美术史研究简单地采用以"时代背景＋艺术家＋作品特征分析"的模式一样，大多数也仅仅停留在比较浅层、简单的地理特征描述阶段，将艺术生产

---

① 教鹤然. 地域文化视角下的文学现象解读［EB/OL］.（2016－09－19）［2016－09－20］. http：//sscp. cssn. cn/xkpd/wx_20167/201609/t20160919_3204809. html.

② 教鹤然. 地域文化视角下的文学现象解读［EB/OL］.（2016－09－19）［2016－09－20］. http：//sscp. cssn. cn/xkpd/wx_20167/201609/t20160919_3204809. html.

中的地理因素仅用以辅助说明美术发展进程（因为历史毕竟不可能离开地理而单独存在），这里地理因素的作用就依然是历史的而不是地理的。正如张皓在其论文《艺术地理：艺术史研究的空间纬度》中所指出的，"一直以来，时间和历史在艺术的实践意识和理论意识中占据了主导地位，理解艺术在历史发展中的形式观念的变迁，成为潜移默化、自然而然的思维方式和思想源泉。但对时间和历史得以发生的空间地理因素的忽视，导致无法清晰灵活地梳理和包容艺术和社会中的复杂相互关系"①。

但托马斯·达克斯塔·考夫曼在谈到艺术地理学的研究方法时，警示我们不要把艺术的国家、区域、民族特征与艺术风格混为一谈，警惕使艺术成为其所处区域地理特征的简单反映。他提倡，尽量避免用艺术地理学的宏大理论，大而无当或以偏概全地遮蔽了该地域艺术家、艺术风格之间的差异性，提倡应该关注具体案例进行具体分析研究，强调关注研究地点的历史和超历史特性，即与起源和流通地点相关的变化。我们知道，艺术地理学关注的问题导向绝不是简单的地理或环境决定论。

但是，艺术史学者赵振宇在他的论文《现代地理科学思想对"美术地理学"研究应有的启示》中写道，文化地理学是人文地理学的分支，传入中国的时间也不过 34 年，尽管当前的研究发展迅速，所涉及的范围也比较广，但也不能忽视它的研究存在着各方面研究不够深入、不够透彻的问题，同时，更要引起我们注意的是，由于人文地理各个分支如文学地理、艺术地理等学科研究不够成熟，至今还没有形成一套完整的理论来统领各个分支，缺乏一套完整的科学体系。"美术地理学及艺术地理学其他分支的研究在借鉴新概念与新方法的同时，要特别注意其有效性，避免简单的套用与移植。"②而前文提到的艺术地理学要解决的问题——艺术风格产生、发展、差异等要素与地理环境之间的相互影响关系等，赵振宇认为，"这种关系却是极难捕

---

①　张皓. 艺术地理：艺术史研究的空间纬度 [J]. 新美术，2009（8）：93.
②　赵振宇. 现代地理科学思想对"美术地理学"研究应有的启示 [J]. 美术，2013（8）：107.

捉的"，如果研究缺乏科学的地理学思想指导，艺术地理学研究往往会陷入某些误区。艺术与地域之间相互影响的关系，并没有直接且显而易见的痕迹存在，它们之间的影响不是可以互逆可推的。大多数情况下，一种艺术风格的形成，可能会受到地域地理环境、气候等因素的影响，也可能完全没有。总之，我们不能否认艺术与地理之间的关联，但这种影响和表现的细微程度与复杂性却超乎我们的想象。在艺术史研究中，还没有人敢说有一条明确、准确又有用的万能公式，可以用来套用证明一件艺术品的风格特征是如何形成的，是否与外部因素之间存在着必然的因果关系。毕竟，艺术家创作时的心理机制是复杂且不易知晓的。

"从相邻学科派生概念并不是轻而易举的事，搞不好会使地理学者们陷入根据对相邻学科的一知半解的肤浅解释来赶'知识时髦'的陷阱。"① 学者哈维提醒地理学研究者的话，也是对艺术地理学研究者很好的忠告。不可否认，在当前的艺术理论研究中，部分研究者为赶"知识的时髦"热衷于"跨学科"研究，生搬硬套一些大词、名词、概念、理论也是当前美术理论研究中的一种时髦。正如哈维所说的，即使是这种照搬也不是"轻而易举"的事。由于美术领域的研究者对相邻学科的知识掌握不够全面，简单的套用不仅在艺术研究上没有达到方法与视角的突破，反倒会造成借用概念、理论的无效与滥用。周尚意在谈及如何运用地理学知识进行艺术地理学研究时指出，"对于艺术地理学研究者而言，地理学的基本素养是不同种类的空间分析方法"，而"只要牢记将空间分析作为艺术地理学的基本视角，就可以使得艺术地理学有别于其他艺术研究"。②

---

① 大卫·哈维. 地理学中的解释 [M]. 高泳源，刘立华，蔡运龙，译. 北京：商务印书馆，1996：122.

② 赵振宇. 开拓"艺术地理学"研究的空间维度：周尚意教授访谈录 [J]. 文艺研究，2013（3）：75.

第二章　文艺政策的调整与体制的恢复与重建

第一节　破除思想禁锢的艰难与创作模式的延续

十年动乱结束后，虽然粉碎了"四人帮"，但中国的各项路线、政策并没有马上得到调整，十年的禁锢，使得中国文艺思想的发展不可能一帆风顺，文艺工作者在"文革"余绪的遗梦中，陷入了踯躅徘徊的境地，中国文艺也正经历着一个阵痛期。这段时间，中国文艺界的主导思想依然与政治性的文艺观念紧密相连，文艺工作者的主要任务是紧跟政治，写中心、唱中心、公式化、概念化问题依然十分严重。刘梦溪在 1978 年 8 月第 2 期的《文艺报》上刊发名为《彻底解放文艺生产力》的文章，重点讨论如何解放思想进而解放文艺的生产力问题。刘梦溪认为，解放文艺的生产力，第一条是解放人，其次是解放思想。他认为，人是生产力解放的最主要因素，具体到文艺生产，作家和艺术家的思想解放，会直接影响文艺的发展和繁荣。关于解放思想，刘梦溪在文章中直接指出："所谓解放思想，当前主要表现在两个方面：一是心有余悸，二是身有余毒……心有余悸就是怕，怕犯错误，怕再受迫害。……身有余毒，就是'四人帮'散布的反革命修正主义路线的毒素，侵蚀了我们一些文艺工作者健康的肌体，使得他们感觉失灵，不能分妍媸、别好恶、辨香臭，划不清马列主义、毛泽东思想和修正主义文艺理论的界限。"①

在党的十一届三中全会召开的前两年，中国的文艺界正处于逐步恢复的过程中。虽然"文革"结束了，但无形的枷锁还困扰着人们的思想观念。因此，文艺思想在这一段时间很难回归到科学理性的正常轨道上，也难以健康发展。具体到文学艺术的创作实践上，由于没有新的理论，文艺家们只能停留在原有的模式上，只是换个主题或人物形象，继续着"红光亮""高大全"式的创作。尽管这一时期的作品与"文革"时相比，有了文艺家摒弃矫情自然流露出的朴实珍贵的真情实感，但又形成了新的"概念化"，未从根本上获得创作观念、技法上的突破。

当时中宣部和文化部的主要负责人的工作似乎不能让文艺工作者满意。1978 年 3 月，在《文艺报》组织的文学理论批评工作座谈会上，陈荒煤做了"关于总结三十年文艺问题"的发言。陈荒煤说，周总理领导全国文艺工作的时候，会亲自和文艺工作者接触，十分了解文艺队伍的思想情况、创作水平及文艺工作者在创作工作中存在的问题，而现在（1976—1978 年）的有些文艺领导同志，高高在上、隔空指挥，既不看不关心创作，又不懂创作。陈荒煤认为，这违背了党对文艺的领导。这个关键问题不解决，文艺创作就上不去。②

1978 年 10 月 20 日至 25 日召开的《人民文学》《诗刊》《文艺报》三家刊物的编委会联席会议上李季的发言能够说明这一点："文联扩大会后，又冷了下来。现在批'文艺黑线专政'论的文章少了。余悸多了，考虑的多了。……搞理论批评的人，一听到只言片语，就心有余悸，考虑的更多了。……群众是文艺作品的权威评定者，这是毛主席早都讲过的，为什么现在却成了问题，还要如此煞费苦心？我有种感觉，是不是面临着一种什么新的东西？总感觉到寸步难行，走一步都要付出很大的代价。现在是什么状

---

① 刘梦溪. 彻底解放文艺生产力 [J]. 文艺报，1978（2）：35—36.
② 陈荒煤. 关于总结三十年文艺问题 [J]. 文艺研究，1979（3）：14.

况？文联全委会后，新华社向国内外发了消息，几个协会恢复工作，到现在还是房无一间，地无一垄。秘书长跑断腿，借一间办公室都借不到……"①

此时，主管意识形态的中宣部还在"两个凡是"的禁锢与关于实践是检验真理的唯一标准问题的讨论所引发的思想解放潮流中摇摆不定。所以，尽管思想解放潮流已逐渐浩荡，但是，中宣部和文化部身处领导地位的同志思想依然十分僵化，还在过去十年的窠臼里走不出来，有的文艺领导干部"思想上还处于僵化半僵化的状态。少数同志甚至掉队了，离开了实事求是的路线，设禁区、下禁令，成为解放思想的阻力"②。这些"思想上还处于僵化半僵化状态"的中宣部主要领导同志，依然坚持的是"两个凡是"的工作方针政策，在关于实践是检验真理的唯一标准问题的讨论中"文艺黑线专政"可以批判，但是不能否定"文艺黑线专政"问题，这种状态导致文艺界一些老同志不能回到文艺工作的岗位，从而引起文艺界的思想混乱和不满。早在1978 年，中国文联第三届全国委员会扩大会议就决定成立第四次文代大会筹备组并开始工作，但第四次文代大会的筹备工作却迟迟不能进行。③ 由于对十七年文艺是"十七年文艺黑线"的错误观点不能进行彻底批评，所以很多文艺界领导与艺术家心有余悸，不敢表明自己的态度。"作协、文联名义上是恢复工作了，但牌子还挂不出来。找不到上级领导单位。""《文艺报》到现在连党的文件都发不到。从 6 月宣布复刊到现在，还没有上级可以联系。"④

文艺理论家、批评家思想僵化、教条，也因长期被批判而心有余悸，疑虑重重，面对文艺创作出现的新成果，没有新的理论和方法批评阐释，只能搬来

①　徐庆全. 风雨送春归：新时期文坛思想解放运动纪事［M］. 郑州：河南人民出版社，2005：158.

②　徐庆全. 风雨送春归：新时期文坛思想解放运动纪事［M］. 郑州：河南人民出版社，2005：160.

③　荣天屿. 为新时期文艺振兴开创道路［J］. 炎黄春秋，1999（4）. //蒯大申，饶先来. 新中国文化管理体制研究［M］. 上海：上海人民出版社，2010：240.

④　刘锡诚. 真理标准讨论与新时期文学的命运：《人民文学》《诗刊》《文艺报》1978 年 10 月编委会会议纪要［J］. 红岩，1999（1）. //徐庆全. 风雨送春归：新时期文坛思想解放运动纪事［M］. 郑州：河南人民出版社，2005：159.

旧的理论生硬套用。这不仅不能在理论上解决问题、推动文艺的发展，反而成为新文艺的绊脚石。"小说《班主任》《伤痕》都发表了，话剧《丹心谱》《于无声处》也上演了。可是却还有人在那里讨论社会主义有没有悲剧和社会主义文学的悲剧的定义，还讨论社会主义悲剧中的主人公应是什么样的人。"①

尽管关于实践是检验真理的唯一标准问题形成了大讨论，也开启了思想解放的潮流，但是面临的局面依然是很复杂的。在文艺与政治的关系上，思想禁锢的、心有余悸的文艺界还存在一种把文艺等同于政治、图解政治的倾向。在面对揭露、批判"四人帮"罪恶的作品时，一些"旧的顽固势力"把典型环境与社会主义新中国形象等同起来，将这些作品说成是思想消极的暴露文学，暴露出社会主义的黑暗，导致只能歌颂，不能暴露。甚至具体到创作歌颂革命领袖、老一辈无产阶级革命家的作品时，把人物身份及职务同阶级的典型等同起来，要按政治地位有序排位。如果写熟悉的生活、写知识分子，就会被批评成反对文艺为工农兵服务，把生活真实同本质、主流、多数等同起来，缺乏文艺创作应具有的想象、虚构和夸张。"把写人物情感同人性论等同起来，导致造神文艺；把揭示缺点同暴露文学等同起来，导致背离社会主义的基本原则。"陈荒煤在《关于总结三十年文艺问题》的文章中说："最近索性有人跳出来，以歌德派自居，攻击那些敢于正视现实、真实反映生活的作家，是'善于在阴湿的血污中闻腥的动物'，把不直接表现工农兵题材的作家，统统斥责为'缺德'派。这是一个最好的例子，说明林彪、'四人帮'以及他们那个顾问当年推行的极'左'路线的流毒还没有肃清。上述这些现象说明我们当前文艺思想战线上，主要的还要继续批判极'左'思潮的各种流毒。这也又一次证明，总结三十年文艺工作的正反两个方面的经验，坚决贯彻双百方针，是一个艰巨的重要任务。"②

在这个充满阵痛的阶段，"文艺思想不可能获得真正的解放，在踯躅徘

---

① 陈荒煤. 关于总结三十年文艺问题 [J]. 文艺研究，1979（3）：16.
② 陈荒煤. 关于总结三十年文艺问题 [J]. 文艺研究，1979（3）：21.

徊的困境中，处处是禁区，举步维艰。来自各个方面盘根错节的复杂原因，梗阻在文艺思想发展的道路上，致使提得非常响亮的'繁荣文艺'的口号，流于表面而成为口号标语"①。

1978 年 12 月，在北京召开的第十一届中央委员会第三次全体会议是新中国成立以来具有伟大转折意义的大会。全会最大的贡献是冲破长期以来"左"的错误的严重束缚，作出把全党工作的重心转移到社会主义现代化建设上来和实施改革开放的战略决策，为了使党的政策符合新时期的实际情况，中央决定在政治生活中不再提"以阶级斗争为纲"的口号。新中国成立以来，大讲特讲阶级斗争，并以阶级斗争为纲的路线彻底结束了。全会确定了"解放思想，开动脑筋，实事求是，团结一致向前看"的指导方针。会议高度评价了关于实践是检验真理的唯一标准问题的讨论，认为这对于促进全党同志和全国人民解放思想，端正思想路线，具有深远的历史意义。

在粉碎"四人帮"后直到第四次文代会召开前的一段时间里，对"文艺黑线专政"论的批判，开始打破人们思想上的藩篱。1979 年 1 月，在中国文联举行的迎春迎新茶话会上，时任中宣部副部长兼文化部部长的黄镇向参加会议的全体文艺界人士宣布："文化部和艺术界在'文化大革命'前 17 年的工作中，虽然在贯彻执行毛主席革命文艺路线的过程中，犯过这样和那样'左'和右的错误，但根本不存在'文艺黑线专政'，也没有一条什么修正主义'文艺黑线'。"② "实践是检验真理的唯一标准"的大讨论，使得思想解放运动如春潮般在全国汹涌展开，在思想解放运动的大潮下，人们的头脑中无形的思想枷锁逐渐被打破，"喷涌"出一大批具有新时期时代特色的文艺作品。但由于"文革"遗留的教条主义和本本主义，文艺理论界面对新的文艺作品时，思维惰性使得理论发展举步维艰。围绕着"伤痕文学"等论争的出现也说明，"两个凡是"的错误方针仍禁锢着人们的思想，继续拨乱反正，

---

① 李慈健，田锐生，宋伟. 当代中国文艺思想史［M］. 郑州：河南大学出版社，1999：249.
② 徐庆全. 文坛拨乱反正实录［M］. 杭州：浙江人民出版社，2004：86－87.

清理"四人帮"极"左"思潮的流毒和影响，在相当长的时间内仍是文艺战线的重要任务。

1977 年 2 月，在北京举办了"文革"结束后的第一次全国性质的美术大展，展览组委会收到的送展作品有两千余件，从一个侧面也说明广大美术工作者对即将到来的"文艺的春天"的渴盼与发自内心的欢迎。但长期被固化创作模式禁锢的画家，并没有新的创作思想与方法来迎接新时代的到来。"画'中心'的'三突出'表现方法，仍是这一时期的表现模式。"①

批判"两个凡是"之后，美术工作者们开始大量描绘曾经被打倒、被批判过的老一辈无产阶级革命家，曾经的党和国家领导人。这一时期的美术作品中，最常被描绘的有周恩来、陈毅、彭德怀、邓小平、贺龙、叶剑英、朱德等。这些作品中以表现周恩来形象的作品最多。邹跃进分析其原因认为，首先是广大美术工作者对周恩来的爱戴，及周恩来在广大人民心目中非同一般领导人的政治威信。更重要的还是为政治服务，为新时代提供形象方面的支持。"用美术作品歌颂周恩来，实际上也是为了肯定与'四人帮'和极'左'路线的斗争的现实意义。……对周恩来等老一辈革命家的描绘与歌颂，其政治意义还表现在，它能在现实性上强化与壮大以邓小平为首的老一辈无产阶级革命家的政治力量，从而为他们开创一个新的时代提供形象方面的支持。"② 这些无论是歌颂老一辈无产阶级革命家和国家领导人的作品，还是歌颂张志新、"四五运动"中热血青年的作品，在构图、语言、艺术风格上其实并没有新的突破。丹纳说："时代的趋向始终占着统治地位。企图向别的方面发展的才干会发现此路不通；群众思想和社会风气的压力，给艺术家定下一条发展的路，不是压制艺术家，就是逼他改弦易辙。"③ 固化的创作模式对中国的美术工作者形成了强大的约束力，只有改革开放、思想解放的真正实现，

---

① 刘纲纪. 努力塑造无产阶级英雄形象 [J]. 美术，1977（4）：34.
② 邹跃进. 新中国美术史（1949—2000）[M]. 长沙：湖南美术出版社，2002：157.
③ 丹纳. 艺术哲学 [M]. 傅雷，译. 北京：人民文学出版社，1963：32－35.

才会"逼他们改弦易辙"。对艺术形式的探索，对人性、人道主义的关注，以及对"自我表现"的呼唤，成了新时期美术工作者们新的追求与使命。

第二节　文艺政策调整与新思潮的崛起

党的十一届三中全会上，中央决定在今后的政治生活中不再"以阶级斗争为纲"，号召全国团结一致，全心全意搞经济建设，实施改革开放政策。在文艺领域，中共中央决定不再提新中国成立以来最重要的艺术准则——"文艺从属于政治"，而是提出"文艺为人民服务，为社会主义服务"的"二为方针"。

1978 年至 1980 年初期的几年时间里，随着改革开放大潮的兴起，中国文艺界开始如饥似渴地引进、学习西方现代艺术、文艺理论，紧密贴合了中国新时期正在萌发的文艺运动，并引起了广泛的轰动效应。据不完全统计，从 1978 年至 1982 年的五年间，在全国各种报刊上发表的介绍和讨论西方现代派文学问题的文章就将近四百篇，其中除少数是翻译外国文论家的文章外，大多数均是我国作家、诗人、文艺理论家所作。这种盛况，也可以说是新中国成立以来所仅有的。

这种前所未有的学习热情，一方面说明之前十年对文艺理论家、艺术家创作的禁锢之深，另一方面也说明中国文艺界渴望创作的自由民主，拥有与世界艺术对话的炽热之情。时不我待，创作者们要争分夺秒地把失去的补回来。在整个 20 世纪 80 年代，毫不夸张地说，是中国文艺界全面学习和模仿西方现代艺术及理论的时期，海量的西方现代派经典作品，从诗歌、戏剧、小说、音乐、美术到电影、建筑等，几乎囊括了文学艺术的各个方面的书籍，出现在全国各地的书店里甚至书摊上。

求知若渴的中国文艺界，以西方现代主义文艺为指引，将西方历经一个世纪的现代主义运动，用十来年的时间在中国重新操练了一遍。学习西方现代主义的热潮迅速推进了中国文艺界的创作。面对各种新的艺术样式及其带来的理论问题，还未彻底从思想的"禁锢"中解放的理论家显得有些手足无措。当中国文艺理论界面对着"伤痕"文艺讨论文艺的歌颂与暴露的概念问题，且尚未全面展开时，"反思文学"又昂首挺胸地走入了大学的校园。这使得手忙脚乱的理论界又不得不开始针对"反思文学"提及的社会问题来探讨现实主义的问题。正当理论家们拿着现实主义的规矩对"现实主义"丈量长短的时候，"新思潮""现代派"文学、绘画又涌现了出来。正如著名文艺评论家谢冕所说的一样，面对层出不穷、五光十色、不断冒出的各种"新"文艺思潮、流派，无论你持反对态度还是举双手欢迎，都会感受到这一"诗潮"崛起的强烈挑战意味。保守的反对者从这种挑战中看到了"异质侵略"的威慑力，赞成者看到的却是这种反叛为文学艺术带来的全面革新。尽管理论界持陈旧过时的理论无力地亦步亦趋，面对新的文艺思潮时捉襟见肘、破绽百出，但相互间引起的论争却说明，新文艺思潮的存在是一种不得不正视的新问题。随着改革开放带来的思想解放运动的全面展开，科学理性的精神向传统的具有神话意识的观念发起了有力的冲击。伴随着西方现代主义各类型艺术的重要代表作品被中国文艺界大量引进、学习和传播的同时，现代西方的社会学、哲学、心理学、文艺学、美学、语言学、人类学、史学、经济学以及方法论等也引起了中国文艺家们巨大的学习热情。各种"新理论""新方法""新观念""新流派"在中国走马灯般一个接一个地涌现。中国文艺界又出现了一股"方法论"的热潮，并在 1984 年至 1985 年达到高潮。

西方现代主义思潮对中国 20 世纪 80 年代的文艺运动产生深远影响的原因主要在于以下三点。

首先，中国决定实行改革开放，解放思想，以经济建设为中心，实现社会主义四个现代化，这不仅需要物质方面的现代化，更需要精神文明的现代化。这一时期，可以说进入了一个全民思索的时代。一些文艺家感觉到现实主义传统的方法已不能满足表达情感的需要，更不能表现这个时代的特征。

"但不管怎么样，我们将实现社会主义四个现代化，并且到时候将出现我们现代思想情感的文学艺术。……但在不久的将来我国必将出现社会主义现代化建设，最终仍将给我们带来建立在革命的现实主义和革命的浪漫主义的两结合基础上的现代派文艺。"① 徐迟等众多的作家、理论家撰文为西方现代派推波助澜，并笃定地认为现代派文学应当成为中国文学发展的方向。当然，不可否定的是，这些论述中有着明显的对中国传统文化的蔑视和排斥的情况，甚至有一种文化虚无主义。"一切传统，包括艺术传统都有它的保守性，艺术创新要进行到底，更不能不以异端的姿态向传统发出挑战。"（孙绍振：《给艺术的革新者以更多的自由空气》）不过，认为必须提倡重视传统文化，批判地继承优秀文学传统的声音也一样响亮。中国的社会主义文艺要不要"民族化"，要不要发展自己的民族风格，这不是单纯的形式问题，而是"关系到我们的文艺能否真正地开创新局面，能否真正适应新时代的群众需要，能否真正沿着正确的道路前进的问题。所以我们应该把继承民族传统，搞民族化摆到艺术创新问题十分重要的位置上"②。

徐敬亚在《崛起的诗群——评我国诗歌的现代倾向》一文中说，任何一种新兴艺术倾向的兴起，无不以否定传统的面目出现。徐敬亚与徐迟一样，认为现代派文艺是社会现代化的必然结果，无论其是社会主义现代化还是资本主义现代化，因为它的出现是时代发展的必然结果。徐敬亚说："中国社会整体上的变革，几亿人走向现代化的脚步，决定了中国必然产生与其适应的现代主义文学。……或早或晚，这种现代倾向总要出现，不在今天，就在明天；不由这一代青年开始，也要由下一代青年人开始。这是毫无疑问的。"③ 徐敬亚认为，中国文学中现代倾向的"崛起"产生的土壤是中国最新的现实生活；"是天安门诗歌运动的直接产物；是五四新诗的一个分支的

---

①　章浴. 西方现代派文学参考资料 [Z]. 黑龙江省社会科学院文学研究所，1984：246.

②　谬俊杰. 关于文学创新问题的思考 [J]. 文艺报，1983 (4).

③　徐敬亚. 崛起的诗群：评我国诗歌的现代倾向 [J]. 当代文艺思潮，1983 (1).

复活；是三十年代新诗探索的继续"。现代派文学的出现是中国文学发展到这一阶段正常的衔接。由此可见，西方现代主义文艺思潮在中国 20 世纪 80 年代初的汹涌，是有着时代与文学艺术发展的客观需要的，也有着热心的社会力量和肥沃的思想土壤。

其次，西方现代派吸引中国艺术家的地方主要有两个方面，一方面是西方现代派与现代哲学紧密相关所表现出的思想性，另一方面就是它表现思想时运用的技巧与形式。20 世纪 80 年代的中国新潮文学、美术在内容、技巧、形式上都受其深刻的影响。不过，更多的艺术家只是蜻蜓点水般地选取了西方现代派艺术的形式与技巧，并没有紧密结合中国的社会现实，以至于生产的大量艺术品徒具了"新、奇、怪"等叫人看不懂的艺术形式。

最后，在全社会反思历史、批判"文革"对文艺创作的禁锢时，西方文艺思潮中的对权威理论及其指导下的创作实践的抵制、排斥或者反对的思想为中国文艺界提供了一种恰逢其时的理论或思想支撑。也可以说，后者从前者身上找到了他们寻觅已久的，可以用来表露他们的思想、情绪和愿望的手段或者工具。

新时期的文艺思潮几乎同时在文学、美术、戏剧、音乐、电影等各个艺术类型中传播开来。仅就美术来说，它遍布油画、雕塑、美术评论和美术理论的各个领域，甚至中国画也受到很大影响。总之，文艺新潮波及了文学艺术的各个门类，是一次真正意义上的文艺新潮。它覆盖面之广、声势之迅猛、变化之快速、影响之深远，在我国文艺史上都是罕见的。

第三节　1978—1988 年的几次美术思潮

一、人道的复归

继关于实践是检验真理的唯一标准问题的大讨论之后，学术界和文艺界关于人性的讨论又成为一个中心话题。对于人性、人道主义及人的异化问题的讨论在本质上也是改革开放、思想解放的产物。关于人道主义的讨论持续时间较长，从 1978 年开始，直到 1986 年以后，人道主义的问题还受到关注。可以说，关于人的问题是整个 20 世纪 80 年代文学艺术关注的重大问题之一。

人道主义问题讨论的引发，开始于对"文革"的历史反思，对人个体价值的认可，对人的尊严、人的正当权利的渴盼。"文革"的十年间，用"以阶级斗争为纲"的方式处理思想、学术与文学艺术中的各种观念与论争，造成了许多冤假错案。事实上，关于人性、人道主义及人的异化问题的讨论是对"文革""四人帮"的否定，对"以阶级斗争为纲"的思想和方法的全面否定。随着关于人的问题的讨论的发展，逐渐超越了对"文革"十年的反思、对"四人帮"罪恶的批判，将讨论的范围扩展到对新中国成立以来的历次政治运动、"反右"运动的全面反思。

文学界早在 1977 年就已经在文学创作和批评中提出了人的问题的讨论，旋即波及了哲学、伦理学、社会学、艺术学等其他学科，最后形成了一个社会热潮。检索文献可知，从 1980 年开始正式发表讨论人道主义的文章，到 1984 年，各类杂志、报纸刊发有关人性、人道主义及人的异化问题的讨论文章多达千余篇，仅仅 1984 年这一年的时间内，就有五百多篇文章讨论人的问题。当时在全社会引起轰动效应的刘心武的短篇小说《班主任》、谌容表现一代知识分子艰难人生与生活困境的中篇小说《人到中年》、鲁彦周对"反右"扩大化后整个历史进程反思的中篇小说《天云山传奇》等都深刻地反映了"人"的价值。文学家对历史的反思、对个体的命运和价值热切的关注，深深地打动了读者。

美术界在 1978 年左右也开始讨论人道主义问题。《美术》杂志从 1979 年第 1 期开始陆续刊登关于人性、人道主义及人的异化问题的文章。最初发表的文章以介绍欧洲现实主义的艺术形式为主，在评述这些作品的过程中提出"非人道"的概念，以此来讨论人道主义，并对"四人帮"对人做出的非人道的残酷迫害行为进行控诉。如在 1979 年的《美术》杂志第 1 期上，美术史家晨朋发表的评述巴黎公社社员墙纪念碑雕塑的文章中，他评论道："女神的象征形象，揭露、控诉了梯也尔政府的残暴、凶狠和反动，描绘出失败的巴黎无产者是正义的，梯也尔政府是不正义的、反动的、非人道的。"① 石页在介绍墨西哥版画家波萨达的文章中说，波萨达是一个具有反抗精神的版画家，并热烈赞美了波萨达作为艺术家对墨西哥贫苦人民的同情。石页提到波萨达的两幅作品《卖席者》《瘟疫》都描绘了墨西哥迪亚斯残暴统治下人民的苦难生活，作品以现实主义的手法真实刻画了墨西哥人民的生存状态，与当时美术界正流行的"乡土美术"的表现手法不谋而合，很容易引起广大读者的共鸣。② 徐君萱评论罗马尼亚著名油画家巴巴的作品《农民》时，认为他的作品"使人追忆起永不复返的痛苦年代"③。在这里永不复返的痛苦年代简直就是对"文革"十年"痛苦年代的"控诉。1981 年《美术》杂志第 2 期的一篇文章重点介绍了日本人道主义画家丸木位里、赤松俊子夫妇及其作品。刘迅在文章中对他们的人道主义作品评论道："我想画家的心里是很明白的，这就是作为现实主义的画家，即使在描绘揭露自己民族中的败类侵略别的民族的罪行时，他所依据的创作原则，只能是如实地反映历史的真实。"④ 这些文章无不意有所指，在当时都助长了美术界对人道主义、人性问题的关注，同时也介绍了外国现实主义艺术家通过创作关注人道主义问题的具体实践经验。

湖南"磊石画会"成员之一、批评家、油画家邓平祥 1986 年在第 12 期《美术》杂志上发表《艺术思考进入"人"的层次》，讨论艺术创作中对"人"的关注问题。邓平祥说，艺术表现中对人的思考是对人的本性、特质、智慧、性格等多方面的发现、肯定和表达，还着眼于对人的"精神个体""独

---

① 晨朋. "最庄严的一页历史"：介绍《巴黎公社社员墙纪念碑》[J]. 美术，1979（1）：46.
② 石页. 墨西哥版画家波萨达 [J]. 美术，1979（2）：44.
③ 徐君萱. 罗马尼亚当代艺术大师科尔纳利乌·巴巴 [J]. 美术，1979（3）：36.
④ 刘迅. 人道主义的画家：访日本画家赤松俊子夫妇 [J]. 美术，1981（2）：54.

立人格"的发现。邓平祥将艺术创作对"人"的思考表现总结为"人的理性沉思；人性美、人格美的赞颂；人体美的表现；人的存在和深层意识的探寻；人的现代品格的发现"五个层次。他认为，"传统人和现代人在生活方式、价值观念、行为等基本问题上都有一系列鲜明的差异。如何形象地把握这些特征，就是艺术对人思考的新课题"。邓平祥在文章最后号召美术界一起呼唤"人的复归，人的发现，还有人的创造"①。邓平祥在自己的油画艺术创作、艺术批评实践中，也践行了他的理论主张，注重"人的复归、人的发现"，如他的油画《老桥》、艺术批评《人的理性的沉思》《人的刘采 画的刘采》《画和刘庄》等。湖南"野草画会"的创始人莫鸿勋的很多作品也有着对人性、人道主义的强烈关注，如他的作品《人生第一首诗》《机器与人》等。

这一时期与人道主义讨论交替出现的各种文化热潮，如"萨特热""弗洛伊德热""马尔克斯热""卡夫卡热""存在主义热"等都与人性、人道主义有着十分紧密的关系。文学艺术界对人道主义的热烈讨论，不是简单地呼唤社会对人的独立价值的尊重与关心，事实上，是文学艺术发展在这一阶段自律性的需要。

二、乡土美术或生活流

1981 年，"全国第二届青年美展"中展出了罗中立的《父亲》。同年，"中央美术学院研究生毕业作品展"中展出了陈丹青的《西藏组画》。这两个作品的展出标志着被理论界称为"乡土美术"风格的出现。这两幅作品的特征是没有新中国成立以来主流美术中必备的"主题性""情节性"与"戏剧性"元素，画面描绘的是四川农村最普通的掏粪农民、青藏高原藏族人民最日常的生活场景。作者的创作构思显然是受到"人道主义"思潮的影响。这

---

① 邓平祥. 艺术思考进入"人"的层次 [J]. 美术，1986（12）：41—43.

两幅作品的出现，显示出艺术家从"伤痕美术"以画家第一视角的控诉、反思为主旨转向了旁观者视角，也就是将题材从"我和我们"的苦难经历转向了对乡村、边疆、农民或少数民族等"他和他们"的叙述。画家是想通过绘画来表现农民的现实生活。罗中立在创作感悟中写道："我心里一阵猛烈的震动，同情、怜悯、感慨……一起狂乱地向我袭来，杨白劳、祥林嫂、润土、阿Q……生活中的、作品中的、外国的乱糟糟地挤到了我的眼前……老实的农民重视吃亏，这，我知道，'我要为他们呐喊！'这就是我构思这幅画的最初冲动。"① 从罗中立的创作构思中，可以看出画家强烈的人道主义关怀，他突破性地以巨幅画像描绘普通掏粪农民的形象。陈丹青的作品从传统的油画创作来看更像是"习作"。《西藏组画》中描绘的不是"红光亮""伟光正"的工农兵形象，而是半裸着身子、体格强健的康巴汉子，而且这些藏族同胞的表情是平静的，与新中国成立以来各类型美术作品中革命斗志激情昂扬的形象形成巨大反差。

"乡土美术"也称为"生活流"。"生活流"本是一个文学词语，在美术创作上指代那类放弃文学性、情节性影响，以写实主义手法，客观地、尽量少个人情感地用精细的笔触描绘自然、日常生活场景中如流水一般无起伏的状态，表达画家对生活、社会和人生的理解，将对作品的直觉判断权利留给观众。这类作品中，人、人的命运、人的生存状态依然是画家所关注的主体。这种对原始淳朴生活的返璞归真的精致描绘，似乎是故意让观众不经意间瞥见了生活的一角。这种体现精神与情感回归的创作，与当时文艺界的"寻根"热也有着紧密的联系，一时间在中国艺术界掀起了表现平凡生活中人性美的热潮。湖南美术家群体中众多画家早期的作品，都受到"生活流"或"乡土美术"风格的影响，如萧沛苍、刘云、"磊石画会"的贺大田、"野草画会"的王水清、陈秉耕等。当然，不得不提到的是"乡土美术"或"生

---

① 罗中立.《我的父亲》的作者的来信［J］. 美术，1981（2）：4.

活流"受 19 世纪法国现实主义绘画的影响也很大。1978 年 3 月，中国美术馆举办的"法国 19 世纪农村风景画展"，给中国画家、观众留下了深刻的印象。尤其是法国现实主义大家米勒、勒帕热绘画中的色彩，逼真的农村的朴实、温馨的田园风光与自然的生活场景，都刷新了中国观众的审美观念，中国画家与普通观众的巨大热情也说明了大家对"红光亮""高大全"，以及以歌颂工农兵为主要创作模式的美术厌倦了，人们开始关注乡村题材。

三、自我表现与艺术本质的讨论

1979 年 9 月 27 日，"星星美展"的第一次展览在中国美术馆外公园墙的栅栏上开幕。"星星美展"引发了美术界的"地震"。当时还是青年编辑的栗宪庭对"星星美展"的成员及观众做了一次采访，将"星星美展"的前言、画家创作观念与群众留言以综述的形式，发表在中国美术家协会的机关刊物《美术》杂志上。随即引起了美术界众多理论家对"自我表现"与艺术创作本质问题的讨论。

关于创作动机与艺术家创作时对个性价值的追求，"星星美展"的参展艺术家曲磊磊说："我觉得作为绘画艺术的本质，就是画家内心的自我表现，要把他生活中的感受、欢乐与痛苦画出来。"① 尽管"星星画展"的艺术家们提及了"自我表现"，但是并没有引起大的讨论。关于"自我表现"的热烈讨论，还要等到一年之后。1980 年 11 月，"北京油画研讨会第三次展览"在北京举行，钟鸣的《他是他自己——萨特》和冯国东的《自在者》两件绘画作品在画展中备受关注。他们二人的创作感悟后来也发表在《美术》杂志上，随即引起了美术界关于"自我表现"的大讨论。钟鸣说，多年来，由于多方面的原因，每个人都或多或少地受到了神异化的教育。相较于艺术创作的内容与形式问题，更重要的是对艺术家思想价值的重视问题。"艺术家的

---

① 栗宪庭. 关于"星星"美展 [J]. 美术，1980（2）：10.

前提是——人——他自己，没有这个重要的前提，其他都无从谈起！"关于《他就是他自己——萨特》的创作构思，钟鸣说："萨特说到绘画中的自我表现，我要说的是萨特在他的理论中坚定地指出：人的本质、存在的意义、存在价值要由人自己的行动来证明、决定。"① 冯国东在创作感想《一个扫地工的梦——〈自在者〉》中说，因为自己是一个工厂里的清洁工，所以只能按照自己的认识去自学、去画、去创作。他"为了画画而生存"，他的作品表现出通过艺术的"自生"，他所有的作品象征着画家"那孤苦无援的命运；一场巨大的梦"。冯国东的作品就是在画他自己的思想，他对"主题性""情节性"绘画并不感兴趣，感觉"太像小说、戏剧和电影了，而又在艺术上比不上文学、戏剧和电影"，所以他按照自己对艺术的理解去描绘独特个体的"自在者"。②

1980 年《美术》杂志的第 8 期，发表了千禾的文章《"自我表现"不应视为绘画的本质》。在文章中，千禾批评了"绘画艺术的本质就是画家内心的自我表现"的论题。千禾认为"画家是社会的人，绘画是通向社会观者交流自己的认识、情感，发挥社会作用"。千禾认为，艺术是"为工农兵服务"的，并有其重要的社会属性。艺术家要创作广大人民群众喜闻乐见并能看得懂的作品，如果观众对哪件作品看不懂，那么艺术家有责任"翻译"自己的绘画语言，让观众理解。千禾说，艺术应该"在社会上起到良好的认识、教育和审美作用"。千禾认为，在讨论绘画本质时，不应该离开最主要的方面，"即绘画是社会生活在画家头脑中的反映，和绘画的社会性、画家与观者感情的沟通和共鸣"③。他认为绘画本质在于画家内心自我表现的观点，是画家对有益的创作经验作了不确切的反映。针对千禾的观点，《美术》杂志连续刊登了数篇讨论的文章，并在后面的两三年时间里，在美术、诗歌、小说

---

① 钟鸣. 从画萨特说起：谈绘画中的自我表现 [J]. 美术，1981（2）：7-9.

② 冯国东. 一个扫地工的梦：《自在者》[J]. 美术，1981（2）：9-10.

③ 千禾. "自我表现"不应视为绘画的本质 [J]. 美术，1980（8）：36.

等各个艺术领域中，围绕着"自我表现"的口号引发了热烈的讨论。支持的观点认为"自我表现"就是艺术的本质，只有"自我表现"才是艺术家内心真实的感受，是独创的、有生命力的艺术，只有强调"自我表现"才能真正体现个体生命的价值，获得艺术上的解放。不过无论支持"自我表现"口号的艺术家争论的多么激烈，他们都认为"自我表现"口号真实地反映了社会新思潮，带有"革命性"。对"自我表现"口号持反对态度的理论家，主要认为"自我表现"过度强调个人，会脱离人民群众，丧失"艺术为人民服务""歌颂社会主义建设"的社会责任与教育功能。

史速建的文章《对〈自我表现不应视为绘画本质〉的不同看法》表达的不同观点是，人的精神活动不可能脱离物质世界而存在，"任何艺术是艺术家对客观现实的或正确或歪曲的反映。所以画家自我表现的是各自对客体现实的认识。如果画家能够正确认识客观对象，那么这个自我就有真实地反映客观对象的可能"①。史速建强调，艺术家不仅有"助教化、成人伦"的教育功能，更重要的是启发、引导人们正确地认识客观世界，努力去探求知识和真理。洪毅然在《艺术三题议》中，针对千禾文章中的担忧绘画创作过分强调"自我表现"而忘记"艺术为人民服务"的主要任务，将"自我表现"完全排除于艺术的本质之外的观点，进行了批评。洪毅然认为，在讨论艺术是什么的问题时，"不能把'自我表现'排除于艺术的本质之外"。洪毅然认为，艺术的认识与科学的认识之间是既有共性，又有特性的。"艺术认识的特殊规律，恰在于较之科学认识允许有更多的主观因素，否则，它将不被称其为艺术，即不符合艺术的本质。简言之，就是科学虽不可有'我'，艺术则不可无'我'。"②

朱旭初在《也谈"自我表现"》一文中，主张画家应该注重"自我表现"。他在文章中指出"自我表现"口号的提出是作为一个理论问题，是作

---

① 史速建. 对《自我表现不应视为绘画本质》的不同看法［J］. 美术，1981（2）：50.
② 洪毅然. 艺术三题议［J］. 美术，1980（12）：6.

为一种新的社会思潮在艺术中的反映，是特定的历史时代的必然产物。它的提出凝结了青年一代人对艺术诚挚的探索，也凝结了他们对时代、对人生严肃而认真的思考。朱旭初通过梳理艺术史总结出，"自我表现"说在中国文人画理论或西方文艺理论中早已有之。朱旭初在文章中指出中国文艺界提出"自我表现"口号的沉重历史背景及不被人所理解的客观原因。一方面，我国长时间实行闭关锁国政策、对外文化的虚无主义态度让我们孤立于世界文化之外，"使自己处于闭目塞听、愚昧无知的状态，对外国新的社会思潮或文艺理论完全与世隔绝，当然也不能受到那股世界之风的传染；另一方面，我们又沉浸在现代迷信的狂热崇拜里。当新的一代一旦从噩梦中惊醒过来，回顾自己的心灵和血泪所经受的磨难历程，不能不陷入痛苦的沉思，不能不重新考虑自己生活的意义、行为的价值，而抛弃那部分不自觉地被'异化'的自身，不能不提出自己作为独立的自我存在的权利，而发出尊重个性、自我表现的呐喊。这种思潮反映了整整一代新人的精神特征。当然在我们的艺术上也一定要表现出来"①。朱旭初总结的这两个原因，其实也是整个 20 世纪 80 年代各种"新思潮"此起彼伏的主要原因。朱旭初在其文章最后回答了必然要触及的问题：如果单方面强调画家的"自我表现"，会不会使得艺术的社会教育功能丧失，观众如果看不懂怎么办？难道没有一个客观的评价标准吗？朱旭初认为，艺术必须由人民来评判的观点完全正确。因为，如果一件艺术品没有艺术生命，最终必将会自行淘汰，不需要哪一位长官、权威或评论家去决定它的生死，只有全体人民才是艺术的主人。作为人民中的每一位，观众也有自己独立的个体价值，有鉴赏的权利，有喜欢或不喜欢艺术作品的权利，因而那些只为少数人所欣赏的艺术，也有它存在的权利。

叶朗对"自我表现"口号持反对态度，他认为这个口号的提出绝不单单是表现手法的问题，而是艺术理论中一个带有根本性的问题。叶朗提醒艺术

---

① 朱旭初. 也谈"自我表现"[J]. 美术，1981 (6)：15.

界："自我表现"与主观唯心主义、心理学、伯格森的生命哲学、精神分析学、梦幻心理学都有密切的关系，但关系最密切的哲学还是存在主义。叶朗担心"对于一种政治的、哲学的，或美学的理论、口号、思潮，当你还没有弄清它的真实含义和本质的时候，就随声附和，甚至成为它的热烈的信徒，那是一件十分危险的事"①。他担心提倡"自我表现"会把艺术"反映现实""表现时代""歌颂人民群众的劳动和斗争"等看作是陈腐的教条而抛弃掉，那就必然会将艺术引导到一条脱离现实、脱离人民群众的错误道路上去。"任何一个信仰马克思主义的艺术家，任何一个坚持为人民服务、为社会主义服务的艺术家，任何一个真诚地追求真、善、美，并且尊重艺术本身规律的艺术家，都没有理由把它举起来作为自己的旗帜。"②

刘纲纪认为，把"自我表现"当作艺术创作的旗帜是不对的，但不能否认在正确意义上的"自我表现"是艺术创作中一个很值得深入研究的问题。刘纲纪说，纵观艺术史，虽然伟大的作品不一定都是"自我表现"的艺术，但没有"自我表现"就没有伟大的艺术。针对叶朗的观点，他说黑格尔并没有一概地否定"自我表现"的艺术，黑格尔要求的"自我表现"艺术要有深刻的社会历史内容，而不是空虚无聊、矫揉造作的艺术。刘纲纪认为，不能因为坚持用艺术表现人民群众的观点，就否定了艺术中的"自我表现"，而应该秉持唯物史观，科学理性地看待"自我表现"，同时要求艺术家把他的自我表现同群众、历史、时代的要求统一起来。"艺术家认为他仅仅在表现'自我'，其实他的'自我'的表现同时也是一定社会、阶级的要求的表现。我们不应当用表现群众去否定表现自我，因为没有自我，决不会有真正的艺术创造。""只有当艺术家自我的表现同群众的要求和历史的发展水乳交融的时候，当他的自我的表现同时也是对时代的深刻反映的时候，艺术家才能创

---

① 叶朗. "自我表现"不是我们的旗帜 [J]. 美术，1981（11）：7.
② 叶朗. "自我表现"不是我们的旗帜 [J]. 美术，1981（11）：10.

造出真正有价值的作品。"①

随着美术界与理论界对新思潮、新理念讨论的持续推进，《美术》杂志社于1983年第二季度召开理论研讨会。为了繁荣社会主义美术事业，贯彻党的"百花齐放、百家争鸣"的方针，在美术战线上继续清理和纠正"左"的指导思想，克服资产阶级自由化的倾向以进一步加强美术作品评论和理论研究工作，《美术》杂志向全社会发出征稿启事，号召广大美术创作与理论工作者围绕美术的功能问题（如美术的功能是什么，在各种功能之间有无主次之分）、题材有无主次之分，以及创作中的真、善、美的关系等问题进行论述；对美术的特征及造型艺术语言问题，如雕塑、油画、中国画、版画等的特点与艺术语言问题及主题性绘画、艺术形式的规律等问题进行研究；对外国现代诸流派的创作和理论进行分析、评价（探讨现代诸流派的美学思想、创作原则及其影响，如何借鉴等问题）。《美术》杂志特别欢迎能结合当前美术创作和思想实际，问题集中、中心突出、论点鲜明的文章，文章不要求面面俱到，只要是就某个问题的某个方面有较深入独到的见解就好。②《美术》杂志开辟"征文选登"栏目，之后陆续发表过"造型艺术与'自我表现'"等主题的讨论文章。

在文学方面，关于"自我表现"的讨论最先发端于关于中国新诗歌崛起的讨论。随着"朦胧诗"的兴起，关于中国新诗乃至文艺创作的讨论热烈起来，文艺批评家用"崛起的诗群"来形容新诗出现的文学史意义。著名文艺评论家孙绍振在《新的美学原则在崛起》一文中盛赞中国新诗"朦胧诗"时，提出了"自我表现"的创作原则，认为它是"新的美学原则"。孙绍振认为，谢冕等文艺批评家把新一代年轻人创作的新潮诗即"朦胧诗"评为"新的崛起"，在文学史上是富于历史感和具有战略眼光的。但他认为，谢冕的评价还是过于保守，有些"太拘泥字句"了，与其说是新人的崛起，不如

---

① 刘纲纪.《"自我表现"不是我们的旗帜》一文读后 [J]. 美术，1982（3）：47.
② 本刊征文启事 [J]. 美术，1981（11）：24.

说是一种新的美学的崛起。孙绍振说："这种新的美学原则，不能说与传统的美学观念没有任何联系，但崛起的青年对我们传统的美学观念常常表现出一种不屈服的姿态。他们不屑于作时代精神的号筒，也不屑于表现自我感情世界以外的丰功伟绩。他们甚至于回避去写那些我们习惯了的人物的经历、英勇的斗争和忘我的劳动场景。他们和我们20世纪50年代的颂歌传统和60年代的战歌传统有所不同，不是直接去赞美生活，而是追求生活溶解在心灵中的秘密。""表现上是一种美学原则的分歧，实质上是人的价值标准的分歧。个人在社会中应有一种更高的地位，既然是人创造了社会，就不应该以社会的利益来否定个人的利益，既然是创造了社会精神文明，就不应该把社会（时代）精神作为个人的精神的敌对力量，那种人'异化'为自我物质和精神的统治力量的历史应该加以重新审查。"① 文艺批评家徐敬亚在《崛起的诗群》一文中也认为，文艺新思潮最引人注目的是一个闪光的字词："我"。它从中国的新诗中若隐若现地出现，开创了一个"属于自己的世界"。他认为这是新诗新的宣言。孙绍振的"新美术原则"的提出，旋即在中国文坛引起一场热烈的讨论。"表现自我"或"我"创作旗帜的提出，究其本质就是用文艺来表现曾经丧失自我的悲哀，在极端环境下不能找寻自我价值的失败，对"文革"中"四人帮"集团"形而上学"的猖獗、对个人价值无情的摧毁的一种反抗。因为在现代迷信狂热崇拜的那些年代里，人的价值、人的尊严、人的个性被完全扭曲了。在噩梦初醒后，人们通过反思寻找失去的"自我"，从而发出了这种"表现自我"的呼声。这是对个人价值的热情歌颂与追求，它关涉到一个艺术家关于人的价值取向的问题。

孙绍振等文艺批评家倡导的"新的美学原则""自我表现"，其价值在于呼吁人的个人自我意识的觉醒，体现了对漠视人的价值、抹杀人的个性的颂歌式文艺模式的"反动"，体现出对心灵自由的呼唤。这不仅在中国文学史

---

① 白烨. 中华人民共和国成立70周年优秀文学作品精选文学评论卷［M］. 北京：北京十月文艺出版社，2019：178.

上有着深远的影响，也在同时期的美术创作上引起了极大的反响。在过去四十多年之后，我们再来审视"自我表现"旗帜下的各种文学、美术创作，不免觉得稚嫩、肤浅、贫瘠。有的美术创作，照搬、模仿甚至抄袭西方现代派作品，但不得不承认，以"表现自我"为代表的"新潮文艺"对传统的美学原则和扭曲的诗歌、美术创作理念是一次有力的冲击，在中国新文艺七十多年的历史中，尤其是四十多年来的诗歌、美术思潮史上，"写下了躁动不安难以磨灭的一页"①。

"星星美展"对艺术创作形式的突破作出了巨大贡献。"星星美展"中的画家们主张以艺术的方式干预生活，探索现实生活中的问题，并将其揭示、暴露出来，在新时期这个特定的历史语境中具有非凡的意义。"星星美展"的前言中写道："过去的阴影和未来的光明交叠在一起，构成我们今天多重的生活状况，坚定地活下去，并且记住每一个教训，这是我们的责任。……珂勒惠支是我们的旗帜，毕加索是我们的先驱。……我们是热爱生活的，但是这么多年，尤其是'四人帮'时期的现实生活的教训，不再使我们产生那粉红色的，像童年那样天真烂漫的美好理想，这是社会给我们造成的结果，我们大多数诞生在新中国成立以后'文化革命'期间，都充当过各种各样的角色，但随着社会的发展，我们逐渐意识到自己应该起到的作用，用笔把这个时代记录下来，而且要旗帜鲜明地表示，我们要走珂勒惠支的道路。人们为什么对我们的展览产生这么强烈的共鸣，如果不是人人共有的伤痕，只靠我们这些不成熟作品的表现力是不够的。这也是我们热爱生活的产物，使我们敢于通过艺术语言把心灵的创伤，从曾经被塞住的嘴里喊出来。"②"星星美展"以"珂勒惠支"为旗帜就是要以艺术干预生活，以"毕加索"为先驱就是以现代主义形式美的探索为宗旨。"星星美展"的展览因鲜明的社会性

---

① 吴思敬. 孙绍振《新的美学原则在崛起》在诗学史上的意义［J］. 福建师范大学学报（哲学社会版），2016（2）：53.

② 栗宪庭. 关于"星星美展"［J］. 美术，1980（3）：9.

和新颖的艺术表现形式引起了强烈的反响。栗宪庭转引观众的感受对"星星美展"的艺术价值作了中肯的评价:"我所接触的美术界的同事,还有如下一些议论:这次展览对打破'四人帮'文化专制主义所造成的多年的思想禁锢是有积极意义的。他们敢于用自己的语言把他们的苦闷与思索表达出来,把自己心灵的创伤告诉观众,应该说是思想解放的产物。正因为它和这个历史时期人人共有的伤痕和要求思想解放这一点的吻合,才使它引起了强烈的反应。"①

"星星美展"给地方上的其他青年画家以无比的震撼与鼓舞,湖南的"磊石画会"成员在访谈中就直言受"星星美展"的影响很大。

第四节 中国美术体制的恢复与重建

1976 年至 1979 年,是中国美术从毛泽东时代向新时期改革开放时代过渡的时期。在美术界,人们致力于恢复在"文革"中被迫停止运转的各级美术家协会、美术院校、画院、博物馆、美术出版社等美术机构。同时,国家要给在"文革"中受到迫害的艺术家平反、恢复名誉和重新安排工作,公开平反在"文革"中被错误地打成"黑画""黑文""黑书"的大量美术作品、美术论著和画册。

1979 年 3 月,中国美术家协会正式恢复工作。在中国美术家协会第二十三次全国常务理事扩大会议上,决定修改会章,重新选举新的领导机构。全会一致认为,今后中国美术的主要任务是解放思想,发扬艺术民主,正确理解美术为政治服务的问题,打破种种精神枷锁,按照艺术规律办事,为正确认识文艺创作反映与服务的对象创造客观条件。② 全会为今后中国的美术

---

① 栗宪庭. 关于"星星美展"[J]. 美术,1980 (3):9.
② 中国美术家协会第二十三次全国常务理事扩大会议纪要 [J]. 美术,1979 (3):4-5.

工作确定了方向，奠定了后来美术发展和变化的条件与基础，中国美术开始步入正常发展的道路。

中国美术体制的恢复与重建，首先体现在美术院校的恢复和运转。"因为正是美术学院的正规化教育、充足的图书资料和相对自由的学术空气，为20世纪80年代的美术创作提供了一批又一批重要的美术家，根据不完全统计，在当代美术创作中，90％多的艺术家，均出自各种美术院校。"①

"文革"期间，作为"阶级斗争工具"的美术及其高等教育是受迫害的重灾区。"四人帮"彻底否定了"十七年"期间的美术创作工作，把中国美术家协会打成"裴多菲俱乐部"并给美术界套上一条"文艺黑线专政"的沉重枷锁，大量的作品被错误地批判为"黑画"，画家们动辄得咎，"言者有罪，放者必究"。美术院校大批的著名艺术家、美术教育家被揪、被斗，很多还被打成了"黑线人物""走资派""反革命修正主义分子""反动学术权威"，有的还被戴上"反革命分子""叛徒""特务"的帽子，很多艺术家受到蹲"牛棚"、下放劳动、坐牢的残酷迫害，甚至被迫害致死。仅中央美术学院的三百多名教职员工中，就有一百多人受到了不同程度的批斗和政治迫害。以湖南美术家协会的画家为例。"文革"一开始，湖南美协的核心成员与一些著名画家就受到了很大的冲击，很多人被打成"牛鬼蛇神"，无法维持正常的艺术管理与创作工作。当时还是湖南师范大学美术学院学生的徐立斌回忆说："那个时候的老师，总的来说政治上很压抑，有些是'反革命'，有些老师还在挨批斗，还有工宣队学校参加管理。钟以勤老师是很有名望的油画家，是'反动学术权威'，当时他住在荣湾镇一个农民家，那是一个很偏远的地方。我们就去看他的画。"② 有一天，徐立斌听同学说钟老师要去十九中画画，他们就很兴奋，赶到那个中学去看钟老师画油画。钟以勤老师完全不像一个油画名家，去十九中画画的时候不带任何工具，"别人不知道

---

① 邹跃进. 新中国美术师（1949—2000）[M]. 长沙：湖南美术出版社，2002：163.
② 马建成. 口述湖南美术史（1949—2009）[M]. 长沙：湖南美术出版社，2013：179.

他是来画画的"。后来徐立斌和同学去观摩钟以勤老师画画的事被学校知道了，系里还批评他们擅自找"反动学术权威"，是走"白专道路"，弄得他俩"灰溜溜地逃走了"。他们到广州美院去交流，发现广州美院老师的政治地位也不高，看到有虔诚的青年学子从湖南专程来找他们学画时，广州美院的老师感到很高兴。

1977 年，全国高等美术院校恢复高考招生制度后，使得在"文革"期间就有一定创作基础的青年画家、优秀艺术青年，有机会进入到专业美术学院进行系统的美术基础学习，并在 20 世纪 80 年代初期，成为中国新时期美术创作最中坚的创作力量。例如创作《西藏组画》的陈丹青、创作《父亲》的罗中立、创作《春风已经苏醒》的何多苓，等等。美术界的 77 级、78 级各艺术院校毕业的青年艺术家，陆续成为全国各地新潮美术、学院艺术探索的先锋，极大地推进了中国美术的发展。他们中的很多人至今还在持续创作中，并将艺术水准维持在一定的高度。

中国美术体制的恢复与重建，还体现在美术馆、博物馆建设高峰期的到来。"根据 1988 年底的统计，全国文化系统共有博物馆 903 个，也就是在10 年间增长了 2.6 倍。特别是在 1980—1985 年的五六年间，平均每 10 天全国就新添置一座博物馆，其中 1984 年，每 2.4 天全国就诞生一座博物馆。"① 美术馆、博物馆的大量建设与恢复，使得这一时期美术展览的数量出现井喷式增长。除了全国美展以外，各种艺术团体，如画会、艺术研究会、画院的展览也纷纷登场。更为重要的是，外国的美术作品展，特别是西方国家的美术展览被大量引进。这在新中国历史上是前所未有的。

美术出版业开始走上正轨，并呈现出一派繁荣景象。最早是中国美术家协会机关刊物《美术》、中央美术学院的《美术研究》等专业美术杂志复刊，紧接着新创刊了《世界美术》《新美术》《美术译丛》《中国油画》《美术史

---

① 余丁. 试论 1949 年以来中国美术体制的发展与管理的变迁［M］//中国美术馆. 成就与开拓：新中国美术 60 年学术研讨会文集. 北京：文化艺术出版社，2009：206.

论》《江苏画刊》等，还创刊了在新时期美术理论与创作中起到极大推动作用的新报纸刊物，如湖北文联创办、彭德任主编的《美术思潮》，湖南美术出版社创办、在美术史上形成"《画家》群体"的《画家》杂志以及中国艺术研究院创办、著名批评家刘骁纯、水天中先后任主编的《中国美术报》等众多美术刊物。这些刊物尤其是《美术》杂志，成了新时期发表、刊登文艺思潮论争的最大学术平台，同时还组织学术研讨会，为中国新时期美术的理论研讨与创作实践作出了巨大贡献。美术家们还开始大量翻译、介绍西方艺术，特别是自印象派以来的现代艺术。与此同时，全国各主要省份的专业美术出版社，都是在 20 世纪 80 年代初以后的几年内成立的，全国出版的各种画册、美术史与美术理论著作、外国美术译著等数不胜数。这种繁荣景象也是新中国成立三十多年以来所从未有过的。

中国美术体制的恢复与重建时期，也正是全社会反思历史、大谈思想解放，各种文艺理念、思潮正热的时候，重建后的美术机构的艺术管理者、艺术家的心态与"文革"或"十七年"时期完全不同，他们也以开放包容甚至积极的心态，参与到各种讨论和争鸣中，才使得 20 世纪 80 年代的各种美术思潮、现代派风格的创作有一个相对宽松的环境。这些美术体制重建后带来的新的特征都说明了体制的更新与进步。

事实上，在中国美术从毛泽东时代向新时期转变的过程中，中国的各级各类美术体制从一开始就面临着彼时社会此起彼伏的各种文艺思潮、现代主义美术流派创作原则的挑战，同时还要承担恢复已经瘫痪的美术体制的重任。从最早的 20 世纪 80 年代初期的"星星画展""乡土美术"，到后来的 1985 年的美术思潮、1989 年的现代艺术大展以及"内容与形式""人道主义""自我表现""创作自由"等，这些美术运动几乎都是在思想解放、改革开放的时代大潮下由西方引进的，接着中国美术创作民主思想觉醒，且都对中国传统美术及美术体制带有强烈的反思与抵触心理。从历史上看，20 世纪 80 年代兴起的各个新潮美术运动中，几乎都有来自美术体制内的艺术管理者或理论家、评论家有形无形的支持。如时任中央美术学院院长的江丰、北京美术家协会主席刘迅对"星星画展"的支持，中国美术家协会机关刊物《美术》杂志对"星星画展"持续的讨论。"89 现代艺术大展"，有《美术》杂志、《中国美术报》理论的支持，由中国美术馆承办。

中国美术体制的恢复与重建过程表明，与思想解放、改革开放中的文艺思潮讨论一样，它也是整个中国变革过渡时期的产物，"既有其保守的一面，又有它开放的一面，这是 20 世纪 80 年代官方的美术体制的独特现实，于是'体制内'和'体制外'的划分开始出现在中国美术界，以今天全球的艺术视野来看，这种划分也变成了中国美术发展的独特现实"[①]。

第五节　湖南美术体制的恢复与重建

湖南省的美术体制的恢复与重建，以 1980 年 4 月 16 日在长沙召开的湖南省美术家协会第三次会议为标志。在此次会议上，湖南省美术家协会修改了会章，选举了新一届的领导班子，"选举黄肇昌为名誉主席，陈白一担任主席，副主席是杨应修、李昌鄂、贺元起、钟增亚、黄铁山。秘书长是王金星，副秘书长为孙忠祥、徐芝麟，1983 年增补邹邦生、黄定初为副秘书长"[②]。湖南省美术家协会工作的恢复，对湖南省的美术创作有着重要意义，它为后面几年湖南省的美术创作在中国美术界取得骄人成绩打下了良好的基础。处于中南内陆的湖南，与北京、上海、广州甚至武汉这些城市相比，缺少几位能在全国艺术大舞台上起领军作用的著名画家，无论在创作队伍的数量还是作品的质量方面，都与这些大城市有着较大差距。湖南省没有专业美

---

① 余丁. 试论 1949 年以来中国美术体制的发展与管理的变迁［M］//中国美术馆. 成就与开拓：新中国美术 60 年学术研讨会文集. 北京：文化艺术出版社，2009：207.
② 马建成. 口述湖南美术史（1949—2009）［M］. 长沙：湖南美术出版社，2013：149.

术学院，湖南师大美术系是湖南美术人才培养的摇篮，它不仅承担着美术教育人才的培养工作，还承担着湖南省创作人才的培养工作。但是这些人才数量远远不能满足湖南省的美术创作需要。湖南省美术家协会举办的"学习班""创作班"在一定程度上解决了美术创作基础薄弱、美术高等教育较落后的问题，成为湖南省美术创作工作中的一个特色。"创作班"就是集中创作人员，瞄准创作主题，大家一起构思，一起画草图，互相帮助，集体的力量尤为重要，"用通过战争来学习战争的办法搞创作"（陈白一语）。湖南省美术家协会组织的"创作班"，很契合当时的创作模式，并取得了很大的成绩。这里主要指作品在全国性的展览中展出或获奖，这个标准至今仍是判断一个区域美术创作水平、创作队伍优劣的近乎唯一的标准。"1976 年'毛主席永远活在我们心中'美术作品展览，举办学习班进行集中创作而后展出；1977 年在北京展出的'纪念伟大领袖毛泽东诞辰 85 周年美术作品展览'，我省共有 14 件作品入选；1979 年'第二届全国青年美展'，朱训德的《春花集锦》获二等奖，邹建平、蒋昌典的《多余的人》，陈巽如的《湘西行》获三等奖；1979 年'庆祝中华人民共和国成立 30 周年全国美术作品展览'（即全国第五届美展），曾正明的《挽回失去的青春》、钟增亚的《人民饱暖记心间》、黄铁山的《翠谷》等作品入选、获奖，等等。除此之外，也有一些省级美术展览举办，如 1972 年在长沙举办的'湖南省美术摄影作品展览'，1974 年在长沙展出的'湖南省美术作品展览'，1975 年在长沙展出的'湖南省年画、工人画、农民画、战士画'和'湖南省少年儿童美术作品展览'，1978 年在长沙展出的湖南省美术作品展览等。""1984 年的第六届全国美术作品展览是改革开放以来最重要的展览之一，湖南美术在这次展览中取得了史无前例的好成绩。在这次展览中全国共展出作品 3724 件，平均每省展出 124 件，湖南省美术作品共入选 146 件，并且有詹鸿昌、陈行的《牧人与太阳》获得金奖；王炳炎《胜似亲人》、贺大田和翟亚申《根》、陈巽如《金龙崖》、廖振华《狐狸的尾巴》获得银奖；黄铁山《金色伴晚秋》、刘幽莎《苗寨风情》、郝嘉贤《船过青浪滩》、吴荣光《晨》获得铜奖。还有陈白一的《闹元宵》等一批作品获优秀奖。"① 湖南省的工笔画创作得到了跨越式发展，1982年、1983年连续举办了"湖南、北京工笔画联展"和"湖南工笔画晋京展"，创作了大量优秀的工笔画作品，培养了众多工笔画创作人才，还打造了一个在国内外都享有盛誉的工笔画创作群体。

时任湖南省文艺工作室美术组负责人的黄铁山，对湖南省美术家协会举办的"创作班"在湖南美术发展中的贡献描述得比较客观。他回忆说："'创作班'出了很多好的作品。从1979年起湖南省的美术创作就步入正轨了，在这之后，全国举办第五届全国美展，实际从这个展览开始前湖南美术就步入正轨了。到了第六届美展，那时的美术创作是我们湖南美术史上的高峰期，大概是我们历届全国美展成绩最好的一次。这就发挥了集体的力量，第六届全国美展取得那么好的成绩，应该说是第一次新的崛起，我们在全国美展中的成绩从来就没有这么好过，那一次詹鸿昌、陈行获了金奖，还有好几个银奖和好些铜奖，成绩还是不错的。我也获了一个铜奖，这也是湖南水彩作品在全国获的第一个奖。"②

湖南美术体制恢复重建后，湖南省组织的展览、学术讲座等艺术活动也频繁起来，先后邀请了江丰、华君武、张仃、钱绍武、刘开渠、关山月、赖少其、潘鹤、吴冠中、傅抱石以及赤松俊子、丸木位里等众多国内外著名的美术家来到湖南办展、写生、讲学。同时，国际交流也方兴未艾，如举办瑞典绘画雕刻展览、湖南省首届书画作品展赴新加坡展览等。与此同时，还多次举办了湖南省已故著名画家的回顾群展、版画展、漫画展、雕塑展。如1980年4月的"湖南已故画家作品展览"，展出张一尊、邵一萍、汪仲琼、袁醉庵、雷恭甫、王雪樵、黄遐举、欧阳诚、简坚、达材、喻辛农、刘庆棠等十二位画家的150件作品。

---

① 马建成. 口述湖南美术史（1949—2009）［M］. 长沙：湖南美术出版社，2013：150—152.

② 马建成. 口述湖南美术史（1949—2009）［M］. 长沙：湖南美术出版社，2013：155.

第三章　1978—1988年的湖南美术家群体与创作

　　党的十一届三中全会召开以后，中国的政治生活、文艺思想界都出现了比较宽松、自由的氛围，思想解放、改革开放已经被全社会认同。美术界进行的数次讨论，让思想敏锐、勇于探索的青年艺术家们聚集在一起，以群体的形式进行创作，是对"文革"十年中形成的固化创作模式表达不满，更是希望用新的艺术形式在艺术观念上有所突破、有所拓展，以期通过作品来参与到社会变革中来，为人民、为民主、为四个现代化服务，让整个社会变得更健康、更现代化。这也是整个80年代中国艺术的一大特征。"这表明在'反传统'这一点上，艺术家有共同之处。""事实上各群体的艺术倾向是和地域联系在一起的。"①

　　青年美术群体的出现肇始于1979年的初春，"北京油画研究会"（又名春潮画会）在北京中山公园水榭展出"新春画展"。在这个展览中，一群著名的中老年艺术家与青年画家自由组合在一起展览作品，在形式上显示出一种前所未有的艺术平等。同一时期的画展还有在上海举办的"十二人画展"，他们的创作主旨是"探索、创新、争鸣"。这两个展览拉开了中国新时期各种画会、"群体"活动的序幕。

　　各类画会、"群体"中的青年艺术家，在学习经历、知识背景上有着相同的特征。首先，他们并不是反对者口中所贬低的"乌合之众"，恰恰相反，

---

　　① 邹跃进. 新中国美术史（1949—2000）[M]. 长沙：湖南美术出版社，2002：206.

各个青年艺术群体的主干力量大多毕业或进修于美术学院、艺术学院或师范院校的美术系。他们几乎都有自己"正式"的工作，或是中小学美术教师，或是群艺馆、美术馆从事群众美术辅导的工作人员，或是高校专业教师、美术出版社的编辑，还有其他非艺术单位的业余美术爱好者。"他们是积存了好几年的考生中的强者。而在考入艺术院校之前，他们中的许多人在'文革'中经历了不少坎坷，有过到农场或公社干活挣工分，或到工厂当徒工的记录，这记录迥异于学校组织学生下厂下乡实习或体验生活，他们曾经是实实在在地凭做工、种田养活自己的人。"① 这些青年画家们的知识背景也迥异于老一辈美术家，他们的知识背景来源庞杂，文学、哲学、科学、艺术史与理论等都是他们"贪婪"获取知识的来源。从中国的老庄、屈原、石涛、八大山人到西方的康德、尼采、伯格森、萨特、弗洛伊德、毕加索、蒙克、达利等均来者不拒。他们既迷恋魔幻现实主义的《百年孤独》，也沉迷于梵高的传记《渴望生活》。尽管他们也许并不能真正理解自己所阅读的那些哲学、美学书籍中所包含的真正内容。

另外，青年画家群体在展览时热衷于发表画会、"群体"的宣言。这一点有点模仿西方现代主义流派，但是，"从某种意义上说，'宣言'也是一种社会实践活动，尽管他们对此并不自觉"②。正如邵大箴所判断的，20 世纪 80 年代的青年美术家群体有一个共同的目标是探索艺术的现代社会，渴望用更宏大的艺术形式来表征整个 80 年代的精神，反映出关于时代、民族的理性思考。

"一切为推动现代艺术的到来而奋力的美术创作家和理论家，包括青年群体艺术家在内的每一位艺术家，他们都是极平凡的铺路石，艺术祭坛上的牺牲者。"③

① 张蕾. 关于青年艺术群体 [J]. 美术，1987（10）：16.
② 邵大箴. 青年美术群体和其他 [J]. 美术，1987（1）：5.
③ 张蕾. 关于青年艺术群体 [J]. 美术，1987（10）：18.

湖南在全国比较有影响的画会、"群体"主要有"磊石画会""野草画会""○艺术集团""立交桥版画展""枫林水彩画会""9·30画会""怀化群体""《画家》群体"等。他们主要集中在省会长沙、湘潭、怀化等地开展艺术创作、展览活动。

第一节　画会与群体

一、磊石画会

"磊石画会"早在1981年就开始活动了。据邹跃进在《新中国美术史（1949—2000）》中记载，"磊石画会"的成立时间是1982年6月，同年9月就在长沙举办了第一次展览。"磊石画会"属于湖南最早的新潮青年美术家群体。它是以一群在剧团工作的舞台美术工作者为主组织发起的，画会的名字"磊石"是李自健提出的，画会其他成员商量后认为该名有十几个画会成员的力量叠加在一起、团结一致，再攀艺术高峰的意思。

贺大田是画会的主要组织者与串联者，其他主要成员有邓平祥、傅忠成、罗政，先后参与的会员有刘庄、刘采、李自健、陈巽如、贺旭、范宇、袁庆一、揭湘沅、翟亚申、冯椒生、廖铁、潘一航、魏大巩、曲湘建。画会秘书长为邓平祥，副秘书长为贺大田、罗政。画会中比较重要的人物是邓平祥。他曾在中央美术学院进修美术理论，在北京参观过"星星美展"，对新潮艺术有一定的了解。进修结束后，在还没有成立画会之前，他就在湖南美术家协会举办过一个座谈会，向湖南的美术家们介绍这种新的艺术创作观念。

贺大田、翟亚申《根》

　　"磊石画会"于 1982 年成立，1986 年自然解散。在五年时间里，画会先后举办了三次展览，以及无数次非正式的、画会成员内部的艺术研讨。"磊石画会"并不完全是一个纯粹的前卫艺术团体，他们成员之间的年龄、绘画风格差距比较大。湖南美术体制恢复与重建后，邀请了很多国内著名画家来湖南省写生、创作，举办展览。1980 年，"北京油画研究会"的展览在长沙市天心公园的天心阁举办，展出了吴冠中、张居正等三四十位著名油画家的作品。这些展出的作品技术精湛，风格上已经不是"文革"时期歌功颂德的"红光亮"的作品。这是一个画家自发组织的、偏技术性和油画艺术性探讨的美术作品展览，在湖南省第一次展出表现主义、超现实主义、抽象主义的油画作品甚至人体艺术作品。湖南省的画家能近距离观看名家的"习作"性质的油画作品，给他们的创作技法与观念都造成了很大影响。但据"磊石画会"的众多成员回忆，"北京油画研究会"的作品至多是给他们在技法上带来了冲击，而在思想上、展览形式上对他们影响最大的还是"星星画展"上的作品。"磊石画会"的主要成员受到"星星画展"的启发与鼓舞，在几次私下的聚会、讨论后，决定也组织一次画会展览。当时海报上写的还是"第一回展"，有模仿日本画展的意味。

李自健《冥》

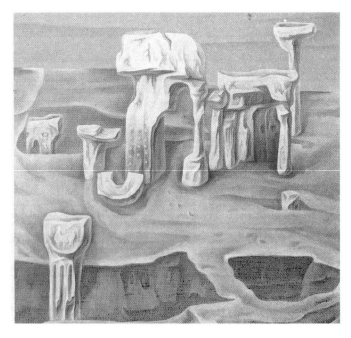

罗政《废墟》

刘采《记忆的高更》

　　第一次展览时间为 1984 年 9 月，在长沙市东牌楼的"少年之家"举办，画会成员贺大田、邓平祥、傅忠成、罗政、刘采、刘庄、李自健、陈巽如、贺旭、范宇、翟亚申、冯椒生，共 12 人参展。第一次展览后，在湖南省美术家协会工作的两位成员受到了很大的压力，成员冯椒生被迫退出了画会。事实上，"磊石画会"成员之间的风格差异巨大，现实主义写实风格混杂着西方现代主义风格，大多数是"抄袭、模仿，模仿达利、高更，模仿的痕迹比较多。当时对画会的领悟也只到那里"①。改革开放以后，"磊石画会"的画家与湖南省其他的青年画家一样，突然看到了现实主义风格之外的绘画风格，感觉非常新鲜，十分激动，第一次了解到绘画其实还可以有多种表现形式。一种纯艺术、无功利目的的艺术创作冲动驱使着他们尝试新的表现形

---

　　① 马建成．"磊石画会"成员傅忠诚口述［M］//马建成．口述湖南美术史（1949—2009）．长沙：湖南美术出版社，2013：211.

• 71 •

式，并没有计划从美学角度或艺术史角度去构建什么。这其实也是全国青年美术家群体的一个共同特征。

傅忠诚 《生命之树》

傅忠诚 《剑》

一年后的 10 月，"磊石画会"又举办了"第二回展览"，地点依旧是第一次展览的"少年之家"，参展艺术家增加了袁庆一和揭湘沅，展出作品达80 余幅。第二次展览受到了"很多不自觉的限制，作品在创作思想方面收敛了很多"（"磊石画会"成员罗政口述）。画会将写实性的作品陈列在楼下展厅，实验性的作品在二楼展出。当年年底，"磊石画会"在湖南省展览馆举办了第三次展览，由于前两次的影响，成员扩充到了 17 人，新加入了潘一航、廖铁、魏大巩、曲湘建等画家，展出作品多达 110 余幅。全国第六届美展无意中的一次评奖给"磊石画会"以正名，让画会的压力减少了很多，并因在全国美展中获奖而受到了体制的关注。邓平祥回忆这件戏剧性的事情时依然觉得很有意思："全国第六届美展创作班，我们磊石的都没有参加，最后发生戏剧性的事情，株洲朱亭三十多张一张都没选上，我们磊石的全部都选上了，还得了优秀奖、铜奖、银奖。全国美协的人来我们省里面了，我正在画另外一张准备参加第六届美展的作品，平时画的这张画画完了都是送不上去的，我就摆在那里，全国美协派来的人到我画室里面看，一下就看到了我的那张画，他们回到北京之后就三人联名写了一封信给省美协，有十几张画一定要送，就做工作哪几张画一定要送，所有我们十几张画就被无条件地送上去了。这个时候开放了，全国第六届美展基本上是按照艺术自由考察，吴冠中也是评委。"① 同时，湖南省的其他青年美术群体也先后成立，并举办了展览，各画会成员之间相互联系，真正形成了一个湖南青年美术家群体。

"磊石画会"的三次展览中，给湖南省美术界留下较大影响的有邓平祥的《老桥》，贺大田的《母亲》《红土地》，傅忠诚的《球上的树》，刘采的《记忆中的高更》和刘庄的《人与土地》等作品。

"磊石画会"在整个社会的转型时期的大背景下，以绘画的形式表达出

① 马建成. "磊石画会"成员邓平祥口述［M］//载马建成. 口述湖南美术史（1949—2009）.长沙：湖南美术出版社，2013：169.

了当时湖南省青年画家们的艺术追求和想法。作为地域内最早的一个新潮美术群体，它短暂的活动时间与展览活动，也说明一个文艺思潮或美术创作观念的传播范围、被理解的程度，均受限于该地域的文化艺术氛围、艺术家性格以及与外部文化之间的互动关系。"磊石画会"的出现与20世纪80年代中国艺术的发展同步，又因其地域文化的特征使得艺术面貌呈现出巨大的差异。它不仅丰富了中国新时期艺术的内容，也是中国艺术历程中不可或缺的重要组成部分。

刘庄

刘庄的作品中有着强烈的寻根意识。他的作品中最突出的符号是西部、戈壁、荒凉的沙漠、古文明遗留下来的木架构残骸等，充满着对历史的批判与反思。

刘庄

刘庄《山民》

刘庄《苦行》

刘庄《惊蛰》

他作品中的人物形象给人以稚拙、厚重和深沉之感。作品《惊蛰》表现的是湖湘大地上的农民题材，雕塑般的艺术语言刻画出农民迈步向前的干劲与希望。刘庄没有与其他一些画家一样将农民概念化为木讷、愚昧与落后的且需要反思的文化符号，而是表现出中国南方农民的生机与活力。

二、野草画会

1984年成立的"野草画会"是一个地域文化特质十分明显的湖南新潮美术群体，它主要活动在湖南湘潭，画会成立七年间共举办三次大型展览。与"磊石画会"模仿日本艺术展名称一样，"野草画会"每次展览的名字也写为第几"回"展。"野草画会"的名称寓意"野火烧不尽，春风吹又生"，也隐含着与体制内美术的区别：自由、野生。第一次画展于1985年元月，在湘潭市工人文化宫举办，参加展览的有莫鸿勋、吴德斌、王水清、陈秉耕、陈志强、王跃鸿、邹宇、吴克佳及河东电机厂的刘近曙、贺仁寰、张博文、秦旭峰等十几位画家，展出作品达 90 余幅①。1986 年 9 月 2 日上午九时，湘潭市"野草画会"第二届作品展在市群艺馆（原雨湖区剧院）开幕，本次展览有莫鸿勋、吴德斌、王水清、吴克佳、王克勤、赵敢为、文立平、陈秉耕、陈志强、李啸军、王跃鸿、李晓东、李毅松、邹宇共 14 人参展，展出作品共 43 幅，展期 3 周。第三次展览举办的时间是 1990 年 2 月，有莫鸿勋、吴德斌、王水清、陈秉耕、陈志强、吴克佳、王克勤、赵敢为、李啸军、李毅松、李晓东等人参展。

"野草画会"的海报、章程、手写前言等文献

1984 年 8 月 8 日，"野草画会"制定了画会的基本章程，明确了画会的宗旨、组织办法、展出时间及对作品的要求等条款。会长是莫鸿勋，理事为王水清，秘书是陈志强，初创会员有陈秉耕、吴德斌、王跃鸿、邹宇、吴克佳。"野草画会"的宗旨写得如同冲锋陷阵前的誓词：振兴湘潭美术，为湘潭油画雪耻；精诚团结，同舟共济。今天读起来，依然会有一种舍我其谁的豪迈与悲壮之感。画会组织办法明确规定：定于每月 8 日晚 7：30 在湘潭市新华书店集合，每人需要提交三幅以上的作品，如果因各种原因未交齐作

① 第一次展览展出作品数不确定，马建成编著的《口述湖南美术史（1949—2009）》中记为 80 余幅。1987 年 4 月 26 日《湘潭日报》第 2 版刊登的曾伟明、莫耀波、陈义静撰写的报道《"寻梦者"的岁月——记青年野草画会》中记为 120 幅。又据 1984 年名为丰柯的作者发表在《湘潭日报》"艺苑漫步"栏目上的《春风野草绿——观野草画会作品展》一文记载，展出作品有油画、水粉画、连环画、装饰画等共计 90 余幅。综合分析，笔者认为 90 余幅的数量比较接近真实情况。

品，画会将按缺一张罚款 2 元进行惩罚。每位成员的会费是每月 1 元。画会对每位会员的作品提出三条要求，除作品尺寸大小不小于四开的要求外，其余两条是对作品的形式和风格的要求：注重作品形式感的探索、追求；作品能充分体现作者的个性。由此可见，"野草画会"的成立是经过深思熟虑，并期望在艺术创作与艺术观念上有所突破的。

"野草画会"第一回展部分参展人员，湘潭市工人文化宫，1985 年 2 月

（从左至右为贺任寰、王水清、陈秉耕、吴德斌、王跃鸿、张博文）

"野草画会"第一次展览的前言如下：

为人生、为艺术，也为故乡油画的崛起我们走到一起来了。

"野草"是自由的，艺术也是自由的。

艺术是一个多棱镜，它一面反映艺术家眼中的世界，一面反映艺术家主观的世界。艺术家从客观世界中提取养料，再创造一个主观的世界——一个服务于心灵需要的世界。

即使是同一事物，用不同的心灵去体验，从不同的角度去观察，以不同的方式去把握，用不同的语言去表达，结果都会迥然不同。

我们深知：要创造一个真正的艺术氛围，没有一伙人共同探索、互致诤言、互为支撑、互相激励是不行的。艺术需要高度的原则性和人类的良心，需要可贵的、不迎合的甘于沉寂的素质。我们将朝着这些目标走去。

笔者提取"野草画会"第一次展览的宣言中的关键词，如：为人生、为艺术、湘潭、艺术自由、主观世界、服务于心灵需要、不同的视角、不同的语言、不同的方式等，就会发现画会有着极强的地域性——为湘潭油画雪耻、为湘潭美术崛起服务。画会致力于对艺术创作、艺术风格自由的探索与追求，高度认同画家个体的多元价值，同时全国艺术界热烈讨论的人性、人道主义、自我表现等创作观念的思潮已经被画会的成员所熟稔并极大地认同。正如莫鸿勋在访谈中回忆的："1980 年，是文艺青年燃情的火盆，人人可以从杂志或者其他渠道，了解文化思潮新动向，以及画会展览状况，尤其是'星星画会'的力量，崔健的摇滚乐，煽动激发了我们自己组建画会的自信心。""感觉主旋律的创作不可替代我们的情感了，通过官方展览这条路，不能表达我们的思想了。那时候四川的'伤痕美术'已经出来了，我们带有强烈的不满足感，想和现实主义的创作手法过不去，才组成野草画会。"①

第一届"野草画会"作品展的会员简介中，每位会员撰写了一句话介绍自己的创作风格。我们可以通过这些文字了解当时他们的创作观念与艺术追求。兹照录如下：莫鸿勋，湖南湘潭人，31 岁，作者喜欢面向一切，对万事不背过脸去，并习惯于用材料美为心灵服务。吴德斌，湖南湘潭人，23 岁，其作品取材于对生活特有的感觉，画风倾向于用具象的手法表现抽象的意念。王水清，湖南湘潭人，26 岁，作品以自然景色为绘画题材，在绘画形式上注重以"厚、重、亮"的形式来表达自己的感情。陈秉耕，湖南平江人，28 岁，其作品表现为细腻质朴的写实手法与自然哲理相结合的画风。

---

① 马建成. 莫鸿勋口述［M］//马建成. 口述湖南美术史（1949—2009）. 长沙：湖南美术出版社，2013：214.

王跃鸿，湖南湘潭人，26 岁，其作品注重形式美感，寻求一种以抽象手法表现自然的本质的美。邹宇，湖南湘潭人，23 岁，其作品题材广泛，多以形式感的手法来剖析大千世界，表达自己的感情和意念。陈自强，湖南湘潭人，28 岁，作品以写实手法表现客观事物，寻求一种朴实的美。张博文，湖南湘潭人，38 岁，其作品追求实在自然的画风，歌颂人性的美。贺仁寰，湖南湘潭人，37 岁，其作品注重对外形的探索，近期受原始艺术启发，寻求野味。秦旭峰，湖南湘潭人，24 岁，其作品以细腻的手法表现人的自然美。

第一届展览开幕的那天，湘潭市大雪纷飞，青年画家们内心还是比较忐忑的，普通的市民参观者寥寥无几[1]，或许是一般市民观念还没有转变，一时半会还不能理解这样"先锋"的画展。所幸"天气很冷，人的心不冷"（莫鸿勋口述），画会成员将展出作品的幻灯片派人送给湖南省首届油画研究会的评委观看后，评委们为湘潭有这样水平齐整、风格新潮的展览感到惊讶。刚成立的湖南省青年美术家协会的负责人向评委建议，要在湘潭多吸收一些会员。据莫鸿勋及其他会员回忆，除省青年美协、油画研究会评委认可外，当时在中央美院就读的龙力游也参观了展览，并与参展画家进行了艺术探讨。著名作曲家谷建芬女士也来参观了展览，莫鸿勋对她发表的评论还记得很清楚，谷建芬说，搞美术的比搞音乐的有深度，值得钦佩！

第二届"野草画会"展览举办的时候，当时全国其他艺术群体，已经雨后春笋般地自由组建起来，想一想，这都是因为个体生命受内心驱动的结果吧。谁能对现实状况不满而又无动于衷呢？此次展览，参展画家的人数大幅增加，艺术形式多样且丰满。这次画展的前言比第一届写的含蓄隐晦得多，表达出想要摒弃外部世界的各种纷扰，把艺术之根深深地扎在湘潭的"本土"之上，又沐浴异域的熏风，自由自在地生死，待"春风又吹"之时，自

---

① 曾伟明，莫耀波，陈义静."寻梦者"的岁月：记青年野草画会［N］.湘潭日报，1987—4—26（2）.

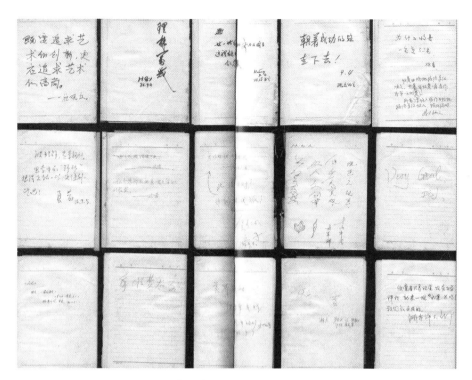

"野草画会"展览上的观众留言

然、平淡又坚定地生长的自由创作状态。前言写道：

"野草"，平淡的名字。

她生生不息，植根于本土深处，沐浴着异域的熏风。

她的作品如同她自己：无香无怨，无牵无挂。它孰善孰恶？孰美孰丑？
让世人评说去吧……

她愿自己新生，

尔后再死亡！

她愿自己死亡，

尔后再复生！

"野草画会"的第三次展览因部分原因导致开幕当天被迫关闭、撤展。
随后画会也宣告解散。在画会成立到解散的短暂时间里，"野草画会"的成
员保持着旺盛的创作力，并创作出在湖南省乃至全国都比较有影响力的作

品，较高水平地完成了画会宣言中"振兴湘潭美术"的目标。画会中比较成功的作品有莫鸿勋的《人生第一首诗》《墩》，吴德斌的《自述》《断裂》，王水清的《老屋》系列，陈秉耕的《废墟》《禅》系列，李啸军的《黄玫瑰》等众多作品。这些有代表性的作品都扎根于湘潭地域文化之中，又与全国新文艺思潮积极互动，彰显了他们对人生、艺术、社会的感悟及个体艺术家的价值。至今，他们都已经老去，但创作精力依然旺盛，每年都在湘潭举办"木鱼湖"当代艺术作品展，老中青三代艺术家自由组合在一起，延续着"野草画会"的精神。

陈秉耕《宿命系列·来去人间》

三、O艺术集团

"O艺术集团"由马建成组织发起。他当时在湖南省美术家协会负责编辑展览目录，给省内参展画家发放稿费。这个便利条件让马建成对湖南省内各地的青年画家的创作状态十分了解，于是很快按图索骥找到一批志同道合

又有一定创作思路和想法，作品比较有锐气的青年画家组成创作社团。"O
艺术集团"的成员由湖南师范大学美术系毕业生为主组成，同时吸收其他画
友参加，它是一个自由结社性质的新潮美术社团。"O艺术集团"主要有马
建新、罗明君、石强、刘云、范沧桑、刘向东、袁小燕、舒雷、夏丽霞、黄
滨、蒋尚文、陈笑月、贺星、龙伟、李占卿共 15 名成员，当时成员的平均
年龄不到 25 岁。由于地域限制，这些成员中能一起讨论艺术的并不多，主
要有罗明君、范沧桑、刘向东、夏丽霞、马建成、马建新、蒋尚文、黄滨、
石强等。聚会的地点主要是发起人马建成的家或湖南师范大学青年教师
宿舍。

黄滨《黄土地》

据当事艺术家的回忆录可知，尽管发起人马建成在计划组织新潮艺术社
团进行比较新锐的艺术创作时，有详细的人员选择名单、创作与展览计划，
但事实上每次聚会的时候，青年艺术家们讨论最多的并不是展览创作的问
题。据罗明君回忆，当时他们接受的美术教育直接等同于绘画，压根就没有
就展览写方案或为展览命题的内容。一个共同的特点是，在改革开放、思想
解放的大背景下，"大家只是对几年的美院学习深感厌烦，抱着想换一种形

式去玩一玩的心态，各自创作了一批作品"①。

罗明君《无题》　　　　　　　蒋尚文《星夜》

经过近一年的筹备，"O 艺术集团"于 1985 年 12 月 25 日成功举办展览。罗明君代表群体所写的《我们的艺术观》一文中，清晰直白地表达了他们对创作现状的不满，对画家个体独立价值的追求，渴望形成自己的艺术语言从而表达对生活、艺术的热爱。其中，更难能可贵也比较前卫的是，他们渴望作品与观众互动，希望观众能积极介入他们的作品，以此来丰富、完善作品，同时也阐释了"O"的内涵。《我们的艺术观》中写道："我们是一批虔诚的学生，听从老师的教导，直到今天我们还在不停地训练自己，然而我们不满足于这一点，我们想表达我们内心深处的东西，表达我们对生活的看法。终于，我们聚在了一起，举办'中国湖南 O 艺术集团作品展'……O成为我们画会的象征，O 让我们想到太阳，世界的最初，中国古文化的灿

---

① 马建成. 罗明君口述［M］//马建成. 口述湖南美术史（1949—2009）. 长沙：湖南美术出版社，2013：221.

烂。我们的思维通过 O 而引起遐想，穿过 O 我们着眼于未来与过去，交错并无限地延伸。更多地，我们把 O 看作是一个不断运转的车轮，我们希望与时代同步。我们组织在一起，在艺术本身并不希望求得一致，我们崇尚个性，我们希望表达自我，用自己的语言说话，我们的一致性在于，我们热爱艺术、热爱生活。……我们展出我们的作品，并不意味着我们是成功者，我们只是想用作品与观众对话，而让我们欣慰的是，观众愿意深入我们的作品，在一片茫然中，我们看到了一丝希望。"①

石强《生日》复制品

与"磊石画会""野草画会"不同，"O 艺术集团"作品展开幕当天，湖南省美术家协会及有关单位的领导，如湖南省文学艺术界联合会副主席陈白

① 马建成．罗明君．我们的艺术观［M］//马建成．口述湖南美术史（1949—2009）．长沙：湖南美术出版社，2013：227—228．

一、湖南省美术家协会主席黄铁山等出席了开幕式，给予了青年艺术家及展览很大的支持。这也说明，当时湖南美术界已经以一种开放的心态来看待新潮美术展览了。三天后即12月28日，湖南省青年美术家协会还就"O艺术集团"的展览组织了学术研讨会。主持人是时为湖南省青年美术家协会执委的邹建平，参加研讨会的有省文联、省美协及相关单位的人员，有黄铁山、钱海源、陈慰民、张应中、舒群（北方青年艺术群体代表）、李路明、邓平祥、王忠清（国防科大）、谭力勤、朱辉等。"与会者对'O艺术集团'在艺术上的探索精神给予了充分的肯定，同时也指出了作品中的不足，并就中国美术发展的方向以及振兴湖南美术的诸多问题进行了热烈的讨论，对'O艺术集团'寄予了很大的期望。"①

罗明君《梦想　艺术　爱情　世界》组画

1986年第16期的《中国美术报》对"O艺术集团"的展览进行了报道：

　　① 马建成. 石强口述［M］//马建成. 口述湖南美术史（1949—2009）. 长沙：湖南美术出版社，2013：222.

"1985 年 12 月 25 日至 1986 年 1 月 5 日，湖南在省会长沙烈士公园浮香艺苑推
出首届作品展。……共展出 15 名成员的 88 件作品。其中既有具象作品，又有
抽象作品，尤其突出的是有大量实物与绘画材料结合及实物结合制作的作品。
展览十分注意作品与环境的整体效果，充分考虑到各空间的分割和占有。如第
一展厅只有一件作品，正中摆上涂上色块的汽车轮胎，从半圆形厅顶挂到地面
的一块若干丈宽的厚重粗糙的白亚麻布，同时播放不同情绪快速转换的音响，
气氛庄严而又神秘（题名'新时代'，集体创作）。在二厅与三厅之间的庭院小
坪里，作者们把布展结束后的聚会现场的桌、椅、酒瓶等稍加组合，保留下来
（题名'周末'，集体创作），让观众自己去发现，思考。展览过程中，有些观
众直接参与了作品的创作，如石强的《生日》，在布满辉煌色彩的画面上插有
几十支红蜡烛，展出时，几度被观众点燃，观众在这种参与作品创作的行为中
获得欢愉，光与色的映照，仿佛为每个观众祝福生日快乐。'O 展'成员认为
这是正常的，他们不像一般展览那样禁止观众接触作品。"①

　　这篇现场感很强的评述报道，基本还原了该展览的特征与观众的欢迎
度。这是湖南艺术界展览中首次出现装置艺术，创作者对空间进行设计，作
品不再是高高在上不可靠近，而是如石强的作品那样，可以与观众互动。观
众的参与热情尤高，他们直接将石强的装置作品《生日》中的蜡烛点燃，最
后将作品全烧毁了。罗明君的绘画装置作品，用鞋、木板、橡皮管拼贴而成
的自画像，也被热情的观众用口红给自画像涂了嘴巴。这次展览收取的门票
钱，让几位展览组织者还清了布展和开幕式所需款项。在研讨会上，有学者
认为一些作品存在模仿性较强的问题。然而，"O 艺术集团"的成员在三十
年后回忆时，否认了这一观点。湖南师范大学美术系当年的教学模式并不是
铁板一块，系部常常邀请广州美院等专业美术学院的理论与实践教师来系里
教学、办讲座；同时期系里还有一位美国外教，他会在课程中给青年学生播

---

　　①　马建成. 邹建平口述［M］//马建成. 口述湖南美术史（1949—2009）［M］. 长沙：湖南美
术出版社，2013：218－219.

放有关波普艺术作品的幻灯片，虽然这些作品让学生们大开眼界，但他们只是感觉新鲜，却看不懂，并没有人试着去改变创作观念。正如罗明君回忆的，她当时最喜欢的还是伦勃朗等荷兰小画派的风格，听说北京中国美术馆举办"美国韩默藏画展"，里面有几幅伦勃朗的真迹，就独自一人坐了24小时的绿皮车到北京偷偷去看伦勃朗的作品。罗明君于1983—1984年创作的《清秋》，用荷兰小画派的手法描绘了两位来自上海的退休老人，作品后来还参加了第六届全国美展。罗明君回忆，当时中国新潮美术的主流是"伤痕艺术"，但他们这些刚毕业的大学生没有这样的体验和认识，画不出"伤痕"的感觉。《清秋》里既没有"反思文革"风，也没有"伤痕"感，只是一幅普通家庭的日常场景。当时对新潮美术影响最大的报刊《美术思潮》《中国美术报》也让他们了解到全国乃至世界艺术的新风潮。当时，中国美术馆刚举办完美国波普艺术家劳申伯格的展览，这些青年画家也只是从北京来的人那里听说了这个展览，感觉很震撼，想不到艺术居然还可以这样搞，认为这样做可比画画好玩多了，但并没有具体的图像资料或展览形式可供参考，所以谈不上什么模仿。在改革开放、思想解放的大环境下，青年艺术家们的心态、思维都异常活跃，创作出一批出人意料且在湖南地域中具有突破性的作品。展览结束后，"O艺术集团"的很多成员又返回架上创作，只有个别成员在数年后又从事一些装置艺术创作。

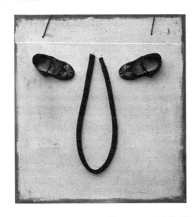

罗明君的《三只绣花鞋》展出后，作品被观众用口红涂上嘴唇

今天，我们在这里讨论"O 艺术集团"的创作与展览，在一定程度上与湖南的艺术批评有很大的关系，如邓平祥、邹建平、李路明等批评家的批评写作与策展实践。据罗明君回忆，1984 年左右，从中国艺术研究院研究生毕业的李路明回到湖南长沙，他的回归给湖南的当代艺术带来了很大的改变，给青年画家带来了外界新鲜的理论和信息。如果没有李路明等批评家的批评与推广，"O 艺术集团"可能就仅仅是组织了一个展览而不会再被人提起。因为李路明的关系，当时"北方艺术群体"的组织人之一舒群前来参加了讨论会，并将"O 艺术集团"展览的讯息传播到省外并造成了一定影响。

马建成

马建成参加"O 艺术集团"展的作品《游离于夜晚的妯娌家族》以少数民族的生活为题材，用西方现代派的绘画方式呈现，是对传统艺术观念和艺术语言的解构与创新，具有一种独特的艺术表现力。

马建成《大集结》系列

1986 年，"O 艺术集团"成员重走长征路，到达拉萨后，西藏浓郁的宗教氛围与它色彩中的红、黑色彩组合深深地吸引了马建成。

《大集结》系列作品在视觉上用大块的红色基调与抽象的黑色背景营造出一种神秘感与厚重感，表达了马建成对宗教文化、僧侣生活在现代意识下的理解与思考。

作品《他们从黑暗中轻轻走来》是马建成对革命历史题材创作的涉猎和创新，画面中实则只有几人的革命队伍却走出了一种气势汹汹、锐不可当的样子，给人以恢宏壮阔的视觉之感。

马建成 《他们从黑暗中轻轻走来》

四、《画家》群体

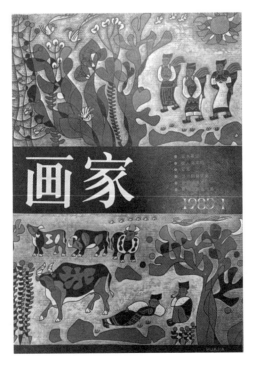

《画家》杂志创刊号

《画家》创刊于 1985 年 11 月，停刊于 1991 年夏。邹建平将《画家》从创建到停刊总结为三个阶段：第一阶段由萧沛苍、李路明主持，大胆地切入当代艺术，以艺术家的个案研究为主要形式；第二阶段主要由邹建平负责工作，以稳定发展、建立特色、发现新人为主要宗旨，比如与西南艺术家的互动，对有代表意义的艺术家进行深度个案研究等；第三个阶段就是善后工作。《画家》在停刊后又先后做了《艺术·市场》《当代艺术》等刊，都在反资本主义自由化下沉寂下去了。[①]《画家》的办刊宗旨在其征订目录上有具体的说明：它着眼于当代和未来，面向全国；它摒弃陈旧与平庸，鼓励探索和进取；以扶持新一代画家的崛起为己任，以建设个性化、多元化的当代画坛为宗旨。《画家》的编辑们凭借着对湖南新潮艺术、中国新潮艺术的一腔热情，编辑出版了当时思想最前卫、关注和扶持青年前卫艺术家最多、印刷质量最好的《画家》杂志，为推动中国当代艺术的发展作出了重要贡献。在后面的艺术史叙述中，由于地域、期刊出版时间的不定时及批评话语权不对等众多缘故，《画家》被各版本的艺术史叙事陈陈相因地排除于美术界的"两报一刊"（20 世纪 80 年代宣传推广新潮美术的重要媒介：《美术思潮》《江苏画刊》《中国美术报》）之外，但在众多 20 世纪 80 年代的青年艺术家心目中仍有着重要地位。现如今，俨然进入中国当代艺术史的艺术家、批评家、策展人等，其中具有代表性的人物几乎都被《画家》杂志报道、评论过或在《画家》杂志上刊发过文章。例如王广义、张晓刚、李山、尚扬、谷文达、吕胜中、刘小东、周春芽、毛旭辉、叶永青、毛焰以及湖南的新潮美术群体的成员，等等。《画家》杂志陆陆续续出版了 16 期，共计发表艺术家作品 2000 余幅，艺术思潮批评及艺术家个案批评文字共计 150 余万字。《画家》杂志是湖南新潮美术运动中唯一具有全国影响力的媒体，是当时国内唯一以大画幅的彩色图片介绍前卫艺术及前卫艺术家的刊物。在湖南新潮美术

---

① 马建成. 邹建平口述［M］//马建成. 口述湖南美术史（1949—2009）. 长沙：湖南美术出版社，2013：230.

运动中，它扮演着十分重要的角色。

《画家》杂志的创刊与党的十一届三中全会后湖南美术出版行业的恢复与重建有着紧密的联系。1984 年，湖南省新闻出版系统的改革全面展开，郑晓娟任第一任湖南美术出版社社长。郑晓娟上任后主要从组织结构和思想认识上开始着手工作，主要任务是化解多年沉积的痼疾，消除"文革"后遗症，尊重知识、尊重人才，调动一切积极因素，集思广益、群策群力地做好美术出版工作。正是由郑晓娟点将，围绕在《画家》周围的萧沛苍、李路明、邹建平等人才被招入社。

《画家》群体严格意义上并不存在，它既没有宣言，也没有集体举办过以《画家》冠名的展览，它的主要成员是萧沛、李路明、邹建平以及袁庆一、谭力勤、姚阳光等湖南美术出版社的编辑兼业余批评家、策展人和画家。这里所说的业余不是他们在批评、策展和创作方面业余，而是描述一个事实：他们的本职工作是编辑，批评、策展和创作只是编辑工作之余的爱好。

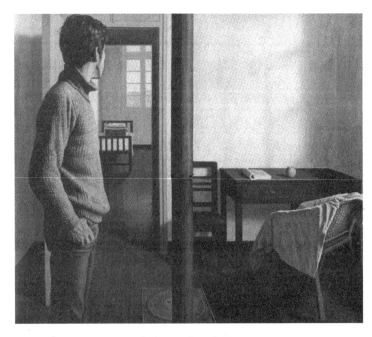

袁庆一 《春天来了》

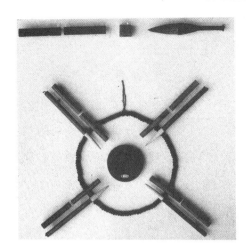
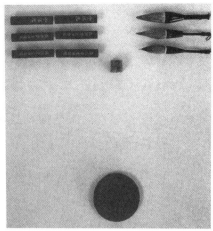

谭力勤《85 二号宗》

李路明

李路明是中国艺术研究院美术理论专业的研究生，因为吃不惯北方的馒头毕业后回到长沙。他对湖南美术的主要贡献在理论批评和策展方面。1986年，北京举办"湖南省青年美术家集群展"之后，李路明将工作重心从理论转向了创作。

李路明《无题》 　　　　　　　李路明《阴》

　　李路明除了在自己主编的《画家》杂志及其他刊物上发表过对湖南艺术家个案研究、群体创作的批评文章之外，他还于 1986 年在《美术》杂志第 7 期上发表了一篇题为《关于"灵性绘画"新阶段的构想兼谈"全球文化"的价值及其他》的文章。这篇文章是在中国新潮美术不断深化的过程中，在一些创作实践与理论的新老问题接踵而来时，在新的分歧不断出现的情况下，李路明对理性与直觉、精神内涵与形式语言在创作中的位置以及如何面对中国传统文化与西方现代派的取用等问题上的深入思考。当时正处于"理性"绘画一路高歌猛进的时候，李路明却剑走偏锋提出"灵性绘画"的概念，强调本土精神、人与自然合一的智慧整体，使其明显被边缘化了。按高名潞当时的观点，中国新潮艺术主要的任务是"破坏"，还不是建设的时候。李路明的"灵性文化"指的是本土精神的物化状态。他认为，彼时的时空背景是一个文化史上空前伟大的本土文化与外域文化最广泛、最强烈的混交时空。李路明指出，全国不同地域的艺术家的部分作品中表现出来的对世界和人生的态度都是具有本土文化精神的，这一本土精神——"灵性"已经不同程度地渗透在每一个中国艺术家的魂魄之中，并或多或少地外化在他们的作品中，现在要做的就是在当代意识中去强化、升华它。今后在艺术中能形成自己独立特征的唯有本土精神，只有这样才能在世界艺术中找到自己的位置。李路明认为，摆脱传统儒家"克己"等理性精神的束缚，获得生命的舒展与自由，才能立足于本土精神的内核——灵性。这就要求艺术家在创作中"须将自身的生命融入自然这个无限的生命实体中，去感受、体悟其精神实质，深切地去关注精神与物质合一的宏大时空，在艺术创作中去追求与表现自然智慧的无限感和永恒感；努力借人类生命行为之一种——绘画，来使我们自身这个无限的小宇宙对自然这个无限的大宇宙的瞬间的非确定的感悟物态化"。李路明将灵性绘画总结为"本土性与世界性的一体，纵向与横向的一体，静观与动观的一体，形而上与形而下的一体，瞬间与永恒的一体，直觉与理性的一体，多元与一致的一体，宏观与微观的一体，抽象与具象的一体，完善与不完善的一体。它将共同建立在人和自然一体的基础上"①。

但艺术的空间是广阔的，艺术的发展需要从单一的创作风格走向更为本质意义的多样化。不难看出有些作品虽是自然景观，其根本意义则不在于技巧性层次上满足于官能的愉悦美感，而在于心理层次上的沉淀。

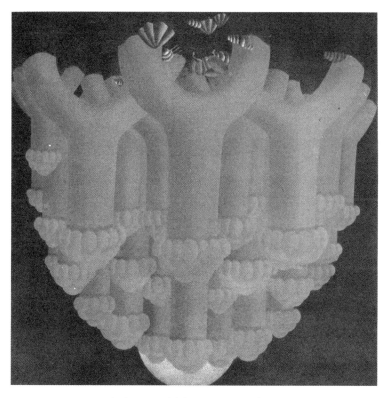

李路明《红树家族系列·虫鸣图》

① 李路明. 关于"灵性绘画"新阶段的构想：兼谈"全球文化"的价值及其他［J］. 美术，1986（7）：6.

李路明《红树家族系列·春芽图》

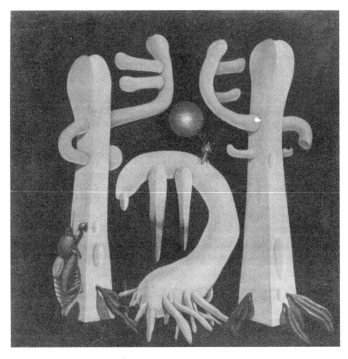

李路明《红树家族系列·望月图》

20 世纪 80 年代末，李路明转向创作实践后，制作了一批题为《红树家族》《植物表情》的系列作品。这些作品非常图式化，近乎抽象，是充满生命与繁殖力的符号，它不再注重视觉感官的愉悦、满足，也消解了技术层面上的探索，更注重对人的内心情感的发掘，画面中的红、黑、绿等色彩纯度极高。画家通过对自然灵性的体悟，释放出一种来自心灵的图式。

邹建平

邹建平　　　　　　　　　　邹建平批评文集《边缘画家》

邹建平最初毕业于湖南师范大学中国语言文学系，后进入广州美术学院油画系进修，以创作主旋律中国画作品《游击队之歌》等开始专业创作，调入湖南美术出版社后从事美术编辑工作，业余从事美术批评写作。在 20 世纪 80 年代，他为湖南及全国的当代艺术家撰写过多篇个案批评文章，为中国现代美术研究留下了重要的文献资料。1999 年，这些文章在重庆出版社结集出版为批评文集《边缘画家》。

邹建平的批评文章可读性很强，远非当下一些艺术批评动辄翻译词、哲学词堆砌的佶屈聱牙文字所能比。他的艺术批评主要与自己的艺术观相近。他也同样是处于探索、实验界定的"边缘画家"，并且十分注重地域文化之于艺术家创作的重要性，他的艺术批评属于"知人论世"的评论。例如《贺大田和他的〈老屋〉》《血红的祭幡——王跃作品中的楚文化意识》《楚地：充满生机的畅想》等批评文章。另一个特点是，在他的写作中读者能感受到强烈的情感，以及他写作时的精神状态，有很强的现场感。

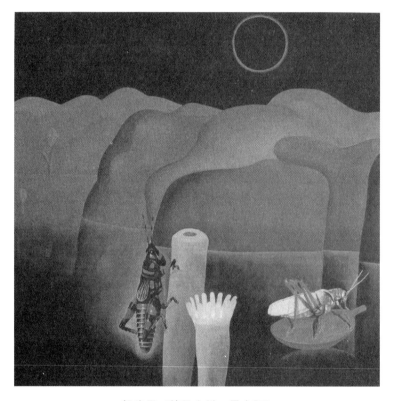

邹建平《神圣山川·黑太阳》

邹建平的绘画作品有一种喧躁、焦灼不安的生命冲动，并有意识地将现代生命体验与湘楚文化中的巫文化有机混合。其中蕴含着对人性本质的高扬、对人的生命力的颂赞，对湘西少数民族地区古老、闭塞、单纯的原始风情的留恋，以及这块神秘、厚重的土地对画家创作欲望的强烈诱惑。女性是邹建平表现的母题，因为她象征着性爱与旺盛的生殖力，是生命延续的不竭源泉。在邹建平看来，在人类活动中，除生命外，性爱是所有冲动力量中最强的，活力最旺盛的。

邹建平 《仰阿莎》

作品《神圣山川·黑太阳》（又名《神圣山川第 9 个构想》），象征着黑暗既是死亡又是创作新生命的母体。正如邹建平的自述，黑色令人颤栗与兴奋，充满了多样生命的欲念。《仰阿莎》将苗族的爱情女神描绘成自由与爱及生殖的主宰，背景中的诸多元素与热烈、对比强烈的色彩相互烘托，表达了画家对生命忠诚的追求和热爱。

邹建平《生命·黄昏》

《生命·黄昏》关注的是生与死、衰败与活力，前面的老人已经垂暮，而翻滚的生命之火却熊熊燃烧。《生命·青色魔》中的人物久经沧桑，仿佛被熔铸在山石之中，湖湘山水给湘人以灵气，人又赋予山水以生命力，给观众以生生不息且奇崛、诡秘之感。

五、立交桥版画群体

"立交桥版画群体"是湖南比较特殊的一个绘画群体，他们只在 1986 年 6 月组织过一次"立交桥版画展"，之后就解散了。该组织成立的目的就是办画展，画展结束群体活动就自然终结了。"立交桥"的名字，正是借用了现实中的立交桥的含义。"立交桥版画展"的展览前言对这一名字的寓意作了进一步解释：我们从不同的方向来，我们到不同的方向去，偶然的时刻，我们相会在立交桥上。"立交桥版画群体"主要成员有萧洁然、吴成群、胡抗、李路明、陈向阳、曹武亦、陈行、邹敏纳、陈巽如、贺旭、戴树铮、任家臻、颜新元、王跃等 19 人。展览的主要策划人是萧洁然、吴成群、胡抗、李路明。群体成员之间的最大年龄跨度近 20 岁，最年长的成员出生于 20 世纪 30 年代初，最年轻的成员出生于 50 年代末。据"立交桥版画群体"主要发起人萧洁然回忆，举办"立交桥版画展"的主要动因是受到在北京中国美术馆举办的美国波普艺术家劳申伯格艺术展的刺激。萧洁然和胡抗、吴成群三人到北京看了展览之后，深受震撼，一致认为这是"文革"之后登峰造极的现代艺术大展。尤其是劳申伯格展出作品的类型，都是他们最熟悉的丝网版画。但是，劳申伯格的展览中这些小众的版画类型已经变成画幅有一整面墙一般巨大的当代艺术，这对于 20 世纪 80 年代中期的湖南版画家来说是无法想象的。他们当时就决定在长沙也组织人员举办一个版画展，冲击一下湖南沉闷的版画界。那时，大家有一个共识，也是 20 世纪 80 年代青年绘画群体风起云涌的主要原因：要冲破绘画的局限，冲击既有的创作与展览模式，就只有通过办展览才能实现。但在具体联络中他们发现，湖南可以参加画展的版画家太少，如果仅靠办版画展览，不会有效果，于是扩大范围，邀请很多其他画种的画家来参加，如国画的、油画的、年画的甚至连环画的都有。这也是展览取名"立交桥"的初衷。这样就完全打破了各画种之间的界限，更主要的是想冲击传统版画以叙事性为主要题材的表现方式。

陈侗（陈向明）《世纪》

李路明《灵性之眼》

萧洁然 《生命结构系列——盟誓》

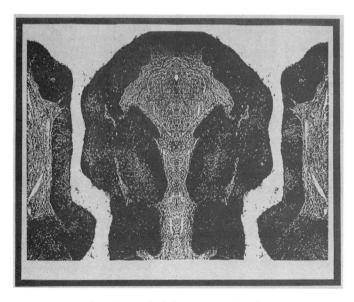

萧洁然 《生命结构系列——自然体》

　　"立交桥版画群体"的存续时间是短暂的，会员之间的交流联络也相当随机。临时需要开会了，就约到湖南省图书馆见面，甚至在街边上站着"扯淡"。画会对展览作品的唯一要求是"新"，所以邀请的参展画家都是策划人认为在创作上有新鲜东西的。画会中最特殊的会员是颜新元，他当时还是一位农民画家，后来到了北京航空航天大学做了教授。展览对参展作品没有任何审查，每位成员自选作品，没有评委评选作品，准确说是选人不选作品。当时主要从事理论工作的李路明承担了展览前言工作，"立交桥版画展"尽管晚于前面提到的各个画会的展览，但影响力还是比较大的。展览结束后依照惯例，在湖南省青少年宫举办了40多人参加的座谈会。① 1986年7月，批评家谭勤专门撰文《不平衡于落差式》评论"立交桥版画展"。该文发表于湖南美术出版社出版的《画家》第4期，1986年第11期的《美术》杂志也以"湖南立交桥画展作品"为题刊登了李路明、陈向阳（陈侗）、颜新元三人的作品。1986年11月，该群体中有3位作者的5件作品参加了"湖南省青年美术家集群展"，在中国美术馆展出。

萧洁然《梦鸟的女孩》　　　　　　　　萧洁然《无题》

通过阅读谭勤的文章《不平衡于落差式》，我们可以一窥"立交桥版画展"作品的特征。谭勤认为，该展览的参展画家所面临的时代机遇是相同的，他们之间的差异在于反省，画作的优劣体现在技法的高低上。在年轻一代画家李路

① 马建成. "立交桥版画展"发起人、版画家萧洁然口述［M］//马建成. 口述湖南美术史（1949—2009）. 长沙：湖南美术出版社，2013：233，412.

颜新元《大米厂》

明、陈向阳、曹武亦、戴树铮、任家臻、颜新元、王跃等人的作品中，体现出较深的人文思考或纯形式探索。例如，李路明的《灵性之眼》，运用史论者特有的沉思，采用黑白木刻的形式，以象征、寓意的手法，高度凝练的形象概括地表达了某种观念和意念；胡抗在作品中将人生与自然融合，营造出充满乐观气息的"无我之境"；曹武亦也是在作品中反省、剖析自己；萧洁然以笔代刀，以不定型的百灵鸟形象，表达着对人类命运的担忧及对未来生命的隐忧，作品充满象征与联想；颜新元从不追求时髦的理想，而是与理性一道，制造出一个与理性世界平行的又同样"乌托邦"的世界；任家臻用油墨滚子代替传统版画的刻刀与木板，让情感直接表露，"以一种新辟的感受与顿悟突然形成一种不可预测的变化推动力"。展出的版画作品还展示了版画技法的多元，譬如有木刻、水印木刻、木刻原版、锌版、铸纸版、石版、砂胶版、拼贴、丝网、胶水版、玻璃版、油滚直印等。

六、怀化群体

郑林《通达》

　　"怀化群体"是由当时的怀化师范高等专科学校美术系杨晓村老师带领组成的国画创作群体。

　　他们在湖南艺术界的第一次集中亮相是参加 1986 年的"湖南省第三届青年美术作品展"，同年又有 4 名成员参加了在中国美术馆举办的"湖南省青年美术家集群展"。"怀化群体"虽然地处远离省会的湘西，但美术专业教学实力比较强，师生思想解放，深受新潮美术的感染，对全国美术界的思潮动态很关注，会集体组织去南京参观国画展，到桂林等地写生考察。同时，他们对传统中国画创作模式感到不满，但又不愿彻底抛弃中国画去搞新潮艺术。赵松元说："我们生活在比较偏远的山区，我们生活在湘西的本土上，中国传

赵松元《图腾家族之四》

统绘画对于我们来说不够味，画这种古典东西不能表达我们的内心感受。"①

七、"9·30"画会、枫林水彩画会

1985 年 9 月 30 日，湖南师范大学美术系毕业生邹跃进、胡建斌、汪泽民、左佳、左大方等联合湖南大学生促进会在长沙成立了"9·30"画会。该画会共有 44 名成员，并于 1986 年 5 月在湖南省展览馆举办了"9·30 首届画展"，展出作品 120 余幅，其中以油画为主，还有一部分波普艺术和工艺美术作品。

1983 年湖南枫林水彩画会成立，主要成员有周志嘉、张小纲、刘昕、黄巨年、黄建成、陈希平、陈飞虎、陈新、曹建新、卓尚虎、梁亮、谭石山

---

①　马建成. 赵松元口述［M］//马建成. 口述湖南美术史（1949—2009）. 长沙：湖南美术出版社，2013：254.

等。这个群体在湖南新潮美术运动中显得并不十分激进，是由水彩这个单一画种的画家组成的学术性团体，参加者多为长沙各高校教师。该画会先后在长沙、上海等地举办了多次展览。1984年8月30日至9月20日，"枫林水彩画会作品展览"在湖南省长沙市举办，共展出作品58幅。

第二节　湖南省青年美术家集群展

自湖南最早的画会"磊石画会"开始，这种民间自发组织的艺术社团组织在长沙、湘潭、株洲、怀化等地的创作、展览就异常活跃。在这个过程中，各个地区不同画会、社团之间的成员互相交流探讨艺术较为频繁，并逐渐在湖南形成了一个大的青年艺术家创作群体。因此，成立湖南省青年美术家协会便成了自然而然的事情。

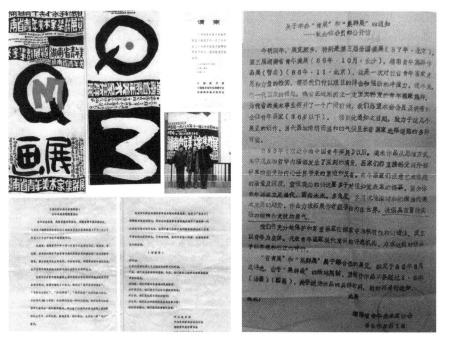

湖南省青年美术家集群展文献

当时，湖南美术界的状态是，老一辈的艺术家比较开明，并没有在创作方面压着青年艺术家，反倒比较支持青年艺术家的创作、展览活动。但是，青年艺术家发表作品的机会其实也很少，因为当时官方的展览只有省展，除此之外没有其他的展览。湖南的青年艺术家需要寻求一个通道以年轻人特有的方式来发声。于是，李路明、邹建平、朱训德、雷宜锌、谭冬升等人计划组织一个机构来服务青年艺术家。恰逢其时，湖南团省委准备组织一个湖南省青年联合会，下面可以成立青年美术家、曲艺家、文学家等协会，每年有5 万元的活动经费。于是，他们开始撰写申报方案，组建结构。1985 年 11月 3 日，湖南省青年美术家协会成立。据邹建平回忆，当时大家对主席的人选还有争执，后来大家一致认为青年人不该有权威，就设了一个湖南省青年美术家协会执行主席，谁负责谁就当执行主席。当时的执行主席主要有朱训德、雷宜锌、谭冬生、邹建平、李路明、李自健、曾正明、任家臻、刘云、马元、李荣琦等 11 人。青年美术家协会会员组织较为松散，没有任何手续，各个画会、社团的成员均是正式会员，其他成员再由各群体中有影响的人推荐。该协会的首批会员约有 88 名。

湖南省青年美术家协会成立后，就与团省委、省文化厅、省文联联合举办了"湖南省第三届青年美术作品展"。该展从送展的近一千幅作品中选取展出了 50 多位青年画家的 450 余件作品。时任第一届执行主席的朱训德后来回忆第三届青年美展在湖南文艺发展中的意义时说："我们第一次提出以灵性、生活、智慧为主张，创作就有了新的形式、新的思维和新的观念的升华，有了一些新的突破。这次展览，我记得带来了很大的思想解放运动。这个青年的展览为整个湖南省、为湖南文学艺术领域带来了很大的冲击。我觉得当年青年美术家是走在前面的，后来就开始有了文学湘军，接着才有了21 世纪的出版和广电，应该说当年美术家充当了思想最敏锐的先锋队。"①

① 马建成. 朱训德口述［M］//马建成. 口述湖南美术史（1949—2009）. 长沙：湖南美术出版社，2013：240.

批评家邓平祥为本次展览撰写了题为《土气·现代性·理性——湖南第三届青年美展观后》的评论文章，发表于 1987 年第 1 期的《美术》杂志上。邓平祥在文章中尖锐地指出，湖南由于地域的关系，给外界的印象是"土气"，结果有的艺术家就倡导所谓的独特性，率先封闭了自己，拒绝外来营养和讯息，为土而土。而"湖南省第三届青年美术作品展"中相当多的作品仍然取材于湖南的风土人情，但是在现代意识审视和把握后，反而没有了传统的"土气"，"它所体现的是另外一个层次的地域性。它在审美意义上给予人首先是事物的本质美感的层次，然后才是地域性或者其他意义的层次，这种审美把握应该说是时代进步所赋予的"①。邓平祥认为，整个展览给人的感觉就是，青年画家们不想再用以前的方式说话了，展出的作品给人一个强烈的印象就是画风变了。展览最突出的印象是理性。这些青年画家的理性倾向反映在作品上就是一种明显的冷峻意味。邓平祥认为，这种冷峻意味代表了青年画家强烈的批判性思考的外化表征。但邓平祥也希望艺术家的理性精神是对过去非理性人生的一种逆反，这只是一个创作过程，待这个过程结束后，艺术家还是要回到以艺术呈现自然形态的时候，也是感性精神回归的时候。湖南省青年美术家协会原主席团成员、湖南省第三届青年美展的重要组织者之一的邹建平回忆时说，该展览在形式上确实还保留原先传统展览的模式，不过参展者都是年轻人，在这个展览里发现了很好的作品，如"磊石画会""野草画会"构成的画家群，特别是怀化的"怀化群体"，他们都有强劲的群体意识和冲击意识。

在成功"举办湖南省第三届青年美术作品展"的基础上，湖南省青年美术家协会又集中评选了 100 件作品准备进京展出，让作者重新创作这些优秀的作品。这些青年艺术活动区域主要以湖南省会长沙为中心，以湖南师范大学美术系、湖南美术出版社、湖南省画院为核心，辐射到株洲、浏阳、湘

---

① 邓平祥. 土气·现代性·理性：湖南第三届青年美展观后 [J]. 美术，1986（12）：9—10.

潭、怀化、岳阳等周边城市。

1986 年 11 月 20 日至 11 月 30 日，湖南省青年美术家协会筹办的"湖南省青年美术家集群展"在北京中国美术馆成功举办。青年美术家协会的主席团成员与青年画家们，既做策展又做联络人，还做布展工人，学术方面的工作主要由邓平祥、李路明承担。该展览共展出了 43 位青年艺术家的 83 件作品。"湖南青年美术家集群展的产生也是湖南新潮美术运动中重要的一笔。在 43 位参展艺术家的 83 件作品中，前卫艺术群体就有 32 位艺术家参展，共展出作品 72 件。其中，'磊石画会'11 人参展，29 件作品展出，位居参展群体之首；'O 艺术集团'参展作品 9 件，作者 2 人；'野草画会'参展作品 7 件，作者 4 人；《画家》群体参展作品 12 件，作者 5 人；'怀化群体'参展作品 6 件，作者 4 人；"立交桥版画会"参展作品 5 件，作者 3 人；"9·30 画会"参展作品 4 件，作者 3 人。画展的前言写道："对自然，我们取认同与回归的指向。对自身，我们从生命本体出发显现自身的力量。对传统，我们作破坏与重建的双重努力。对直觉与理性，我们崇尚前者淡化后者。对中西文化，我们努力于纵向与横向的沟通。"①

"湖南省青年美术家集群展"是中国美术馆举办的第一个外省青年画家的集群展，此前没有这样的先例。进京的画家们团结一致，动员一切关系，调动大家共同的资源，努力把展览做好。展览从某种意义上来说是非常成功的，开幕式请来了很多名人，如著名作家王蒙，还有一些湘籍的老革命、老将军，以及著名艺术家华君武、黄永玉、吴冠中、沈鹏等。据邓平祥、罗政、李路明等多名参加组织、接待的当事人回忆，老一辈比较前卫的艺术家如黄永玉等对展览的评价甚高。正如罗政所说的，"黄永玉不说你的艺术是哪个流派，或者带有什么哲学观点，他是从直观的角度来说的，各有各的气，湖南的那种气就是鬼气、匪气、神气、灵气，即'鬼、匪、神、灵'。

---

① 马建成. 口述湖南美术史（1949—2009）[M]. 长沙：湖南美术出版社，2013：238.

他就是从这个角度来说这个展览，我觉得是最准确的，我们在前言中用一个大的框架去框人家反而是错误的"①。据邓平祥回忆，水天中说："今后美术史的分期，就要讲湖南青年美术家集群之前与湖南青年集群展之后了。"周思聪也对展览大加赞赏："此展壮我胆，我追求的东西你们都表现出来了。"②华君武认为，"湖南省青年美术家集群展"尤其是"怀化群体"具有某种地域性特征在里面，他们把本土的资源反映到现代的绘画之中，将本土性和现代性结合得很好。刘迅说这个展览是他当时在北京看到的最好的展览。时任《美术》杂志主编的邵大箴说："湖南画展与'85新潮'相比，在审美上有所创造，显示了美术思潮的新动向，既有时代的横线，又有传统的纵线。"中央美术学院油画系原主任闻立鹏说："这个展览比较成功，已经结出了小果子，既是中国的又是现代的，同时又是艺术，做到这三点很难。"全国美协原副主席秦征认为，这是"最有希望的一群"③。让所有参展人员没有想到的是，当时思想最为激进的老艺术家和颇有声望的批评家竟对展览做出如此高的评价。

时任《中国美术报》社长的批评家张蔷还专门撰文《湖南青年美术家集群展观后》，给予其高度赞扬。张蔷在文章中说，在全国各地青年美术创作群体被美术界议论纷纷、毁誉参半的当口，"湖南省青年美术家集群展"来京展览有特殊的意义，对它的评价，已经超出湖南一省地域的局限。张蔷总结了"湖南省青年美术家集群展"在当前艺术创作方面提供给广大观众的三点有益的思考。张蔷认为，首先，湖南青年美术家的探索精神与对艺术的真挚打动了观众。无论是作品的画面构成，还是写实或抽象的手法，都透着艺术家们对艺术的真诚态度。"其次，展览宣示着画家审美意识的个性化、多

①　马建成. 罗政口述［M］//马建成. 口述湖南美术史（1949—2009）. 长沙：湖南美术出版社，2013：246.

②　马建成. 邓平祥口述［M］//马建成. 口述湖南美术史（1949—2009）. 长沙：湖南美术出版社，2013：239.

③　高名潞. 中国当代美术史（1985—1986）［M］. 上海：上海人民出版社，1991：422.

样化的并存与互补。湖南青年画家作品的个性是由艺术形象本身暗示给观者的。最后，湖南青年美术家集群有意识地自觉地重构本土新艺术，成为他们目前的集体取向。湖南的美术理论家邓平祥、李路明对立足本土的现代艺术构想由来已久，他们对楚文化有着深入的研究，他们发表的有关文章影响着湖南的艺术家。"① "湖南省青年美术家集群展"在 1986 年 11 月 20 日展出后，引起了北京美术界的关注。11 月 25 日，在中央美术学院举行了座谈会，中央美术学院部分教师、研究生及其他院校的学生和报刊编辑、美术理论家、批评家共八十余人参加了座谈会。座谈会的录音后来经罗政整理发表于 1987 年第 2 期的《美术》杂志上，题为《湖南青年美术家集群·中央美院座谈会纪要》。②

座谈会上，邓平祥首先介绍了展览的主体思想，即以西方现代文化作为参照，以个性、本土为发展方向，并希望超越"85 美术运动"。范迪安开门见山地批评，他认为这次"湖南省青年美术家集群展"的作品之间风格都没有更新、差距大，展出的三分之二的作品在语言模式上是比较陈旧的，依然还是一种画家对乡土气息、边塞风景的留言，是一种寂静关照下的怀旧情感。邓平祥针对范迪安的批评回应了三点：首先，乡土的、怀旧的、原始的是不是就代表落后的艺术形态，需要具体分析。邓平祥认为，"湖南省青年美术家集群展"中乡土的、怀旧的作品是区别于近年类似观念价值趋向的艺术作品的，所以它有鲜明的艺术个性。其次，如果一看到乡土、怀旧就认为是陈旧的艺术观念，那就又陷入题材决定论的观点中去了。最后，邓平祥认为，展览中展出的这些乡土的、怀旧的、原始意味的作品是对现代意识的审视和把握，并不是单纯地意味追念，它们的参照是基于开放环境中的现代文化。

李路明认为，"湖南省青年美术家集群展"就是要以整体面貌来体现我

---

① 张蔷."湖南省青年美术家集群展"观后 [M] //张蔷. 中国美术十年：张蔷美术文集. 长沙：湖南美术出版社，1991：56.

② 罗政. 湖南省青年美术家集群·中央美院座谈会纪要 [J]. 美术，1987 (2)：16－19. (下面的引述，均出自该纪要，不再一一注释)

们对人与自然关系的把握。这次展览是要超越中国现代艺术发展进程中，一味追求以破坏性为主导的创作倾向。他认为，中国现代艺术应该是多元的，湖南的艺术作为多元中的一支，自有它独立的价值。艺术是非功利性质的，如果在艺术中故意发掘观念、图解观念，那正是湖南青年美术家所力图排斥的。在这个意义上，李路明将湖南的新潮艺术定位为后现代主义范畴，是超前卫的。

邓平祥、李路明等湖南批评家和画家们一致认为，他们对传统艺术中的造型语言和美学观念采取的是开放的、广为取用的态度。如果说湖南青年美术家的乡土、怀旧或者精细的语言比较陈旧的话，那么当时整个中国新潮艺术界大力称赞的"厦门达达"在今天无疑也是陈旧的，但在中国新潮艺术的发展中却是有意义的。例如，展览中出现的"怀化群体"，他们的作品样式既不同于传统中国画也不同于西方的绘画。这种初步的建设对现阶段的中国美术来说应该是宝贵的。关于有批评家认为"湖南省青年美术家集群展"中的作品与"四川画派"之间相似的问题，湖南的两位批评家认为，四川画派兴起的时代背景是对前十年艺术创作中过于粉饰现实生活的创作模式的反动，所以出现"生活流"。而湖南画家追求的却是以整体的面貌来体现对人与自然关系的整体把握。

座谈会上，陈卫和向李路明提问："与自然对话这个永恒的主题，我们湖南要推崇，它的观念新在什么地方？"李路明回答："人与自然和谐确实是中国传统山水画中的一个持续主题，但它所把握的人与自然关系是一种艺术态度，而非艺术表述的内容。"邓平祥对这个问题补充道："与传统文人画的'逃避现实，退向内心不同'，湖南青年画家们主张人与自然的和谐，就是高扬人的主体价值，肯定人自身的意义。"这一方面反映出人的焦虑，另一方面产生了向自然回归的强烈意识。

但是，范迪安、周彦和戴士和等批评家、艺术家指出，"湖南省青年美术家集群展"中的作品并未达到邓平祥和李路明所说的高度，还基本上是人与自然和谐统一的表现。而且大多数作品都是静态的、永恒式造型，似乎以顽强的生命力显出存在的合理，表明对现代因素——现代生活与意识的排斥和对抗。范迪安坦率地说："他实在难以从作品中看到人与自然对话时的高扬主体和对人自身的肯定。"范迪安还批评"湖南省青年艺术家集群展"中的众多作品太过于理性的构思、理性的制作，而且痕迹感极重，在制作上过分追求十全十美，给人感觉画家玩味于精致细节之中，"有的作品看后让人感到比较紧张"。邓平祥认为，之所以感觉做得太细的是因为没有将这个"细"做到更高的境界，因为提出主张与达到理想并不是一回事，尽管不能一下子就达到理想境界，但努力趋向理想目标却是十分必要的。李路明认为，真正的艺术应该是直觉与理性一体的产物。关于前言文字与作品没有完美对接的问题，邓平祥和李路明认为，前言中提到的是淡化理性，并不是抛弃理性，本质上要淡化、抛弃的是理性的表达方式，并不是理性的思考。

据参加研讨会的当事人回忆，中央美院的这次座谈会搞得火药味比较浓，有点斗争大会的意思，他们感觉湖南油画湘军一直没有什么地位，也没有什么在全国叫得响的画家，突然一下子冒出来一群整齐划一、如此大规模又有力量的"鬼匪神灵"的作品，是那个时代湖南个体艺术家个性价值与湖湘文化底蕴的显示。而邹建平认为，这个展览确实不痛不痒、不前不后，欠缺前卫性和往前推的动力。一个原因在于，当时全国的新潮艺术都在以最个性化的形象高调地亮相，但"湖南省青年美术家集群展"没有容量来充分展示、演绎个案，无论是青年美协主席团成员、评委还是一般画会成员，每人限定最多提交三幅作品，参展的青年画家没有办法完全展示个性。"湖南省青年美术家集群展"以集群的形式遮蔽了展览中个体艺术家的艺术个性，无法给当时艺术批评、艺术媒介如《中国美术报》《美术》杂志等提供一份可供批评的个案。这既是当时个体艺术家的无奈，也是整个湖南美术作为地域文化的无奈。

邓平祥认为，"湖南省青年美术家集群展"是当时转折关头最重要的展览之一，但由于地域性局限、缺乏事件性、缺少批评与传播等多方面因素的影响，当然也与当时中国新潮艺术一味追求对传统文化的破坏性、革命性有关，总之，它的影响力被遮蔽了。"湖南省青年美术家集群展"之后，大多数艺术家感觉到"群体"的目的已经达到，很多画会或创作社团自然解体，有的虽然存在，但凝聚力大不如前。刘云回忆说，书写湖南美术史，20世纪80年代青年美术这一块是绕不过去的，"湖南省青年美术家集群展"更是一个分水岭。"1992年的时候我们就在北京中央美术学院做了一个六人展，基本上是湖南的画家，那个时候我们实际上是想接气，但那个时候已经接不上了。"①

通过梳理这次"湖南省青年美术家集群展"的评述，可以看出当时不同年龄层的艺术家、批评家对展览的评价大相径庭，从集群展座谈会火药味较浓的"真批评"中也可以一窥当时整个中国新潮美术的弄潮儿们各自所秉持的艺术理念。同时，历史地看，从集群展之后湖南青年画家的"分流"，到集体缺席1989年在中国美术馆举办的"中国现代艺术大展"，都说明首都与边缘地域之间话语权的竞争性以及批评的偏见与党性原则。即使是当时以破坏为主导的中国新潮艺术，在艺术的判断与选取上依然坚持十分固化与传统的"中心""首都"观念，以整个中国新潮美术遮蔽了湖南新潮美术在地域文化视角下的独特性、多元性，导致叙述中国现代艺术的不完整，也很难梳理出不同地域之间的区别与联系。

---

① 马建成. 刘云口述［M］//马建成. 口述湖南美术史（1949—2009）. 长沙：湖南美术出版社，2031：245.

第四章 湘楚地域文化与湖南美术家群体创作

第一节 湘楚地理、湘楚文化与湘楚精神

湖南位于长江中游，地处东经 108°47′—114°15′，北纬 24°38′—30°08′ 之间。因大部分区域处于洞庭湖以南而得名"湖南"。湘江是湖南境内最大的河流，贯穿南北，故湖南简称"湘"。

湖南地处中国大陆第二级与第三级阶梯的交接地带，位于长江中游和南岭北侧的江南腹地，所以地形多变，高山、丘陵、平原、洼地依次排列，整个区域由洞庭湖平原、湘中丘陵、南岭山地、湘西山地和湘东山地五区构成，整体地势南部高亢，往北逐渐倾斜降低。

湖南东部边界有高耸的幕阜山和罗霄山脉斜贯，南部有逶迤的五岭山脉，主要山峰海拔多在 1000 米以上；西部有险峻的武陵山与雪峰山脉盘亘，主要山峰海拔多在 1500 米左右；中部衡山挺拔高耸，海拔达到 1300 米，其余都是海拔在 500 米以下的马蹄形的丘陵波状山岗地区；北部则是浩浩汤汤的洞庭湖及地势低平的冲积平原，大部分地区海拔在 50 米以下。湖南全省地理地貌特征呈现南高北低，顺势向中、北部倾斜的态势，形似敞口马蹄形。这样起伏交错、大起大落的地貌特点构成许多奇异多变的自然景观，尤其是形成了许多峭险幽邃的名山峻岭。

作为著名的水乡泽国，湖南水网发达，有"三湘四水"之称。辐聚式的洞庭湖水也成为湘楚大地自然地理环境最显著的特点。它们牵连着 5300 余条河长在 5 千米以上的河流，大小河流总长度可达 4300 千米。这些河流的绝大部分顺着"凹"状的地形斜面，集结后由东、南、西三面汇注于洞庭湖，构成一个主要属长江流域、形同团扇的聚合式的洞庭湖水系。

"四水"指的是流经湖南全境的湘江、资江、沅江、澧水四大主干河流，其中以湘江最长。湘江发源于广西，流经永州、衡阳、湘潭、长沙、岳阳，是贯穿湖南地区的主要河流，故而也成为湖南地区的主要自然地理标识，湘江流域也是湖南境内经济最发达的地区。由于湘江上游、中游、下游分别有潇湘、蒸湘、沅湘，故湖南又俗称为"三湘大地"。

湖南的气候属于亚热带湿润气候，四季分明，严寒期十分短促。常年气温保持在 16～18℃之间，1 月份最冷，月平均气温从南向北由 3℃逐渐增至 8℃；7—8 月份最热，月平均气温从北向南递增至 30～40℃。

湖湘既是自然地理概念，又是重要的人文地理概念，它是湖南人在特定的自然条件下创造出来的文化。依着洞庭湖、湘江这样重要的自然地理标识，并且与人文历史密切关联，所以湖湘也成为重要的人文地理标识。

学者朱汉民认为，要探源湖湘文化，不能单向度地从地域文化中寻找因子，而是要采用新的思维方式和理论预设，将视角转向不同地域文化之间的交流、互动与融合吸收的过程来考察湖湘文化的形成机制，也即美国考古学家考德威尔的"交互作用圈"方法。"交互作用圈"理论认为，众多不同形态、不同特征的地域文化之间彼此存在着交互作用，这种交互作用使得它们对于其他地域关联较远的文化来说形成一个整体。也就是说，各个地域文化的形成并不完全是这个地域中的人们在封闭孤立的状态下独立创造或自然形成的，而是在地域文化的交流中建构起来的。在这种情况下，各地域文化的源头可能在其他地域中。①"湖湘"的区域文化概念经历了一个不断演化与建构的历史过程。

秦汉时期，湖南文化地理的命名主要是"南楚""沅湘"。楚国是春秋战国时期的大国，故而楚文化本身有东南西北的地区差异。朱汉民在谈司马迁《史记》中"南楚"的区域文化概念时，讨论了其风俗民情的特点。他说："南楚也，其俗大类西楚……故南楚好辞，巧说少信。"②沅湘作为文化地理标识最早是在屈原的作品中。屈原被贬谪到沅水、湘水一带，创作了大量的诗歌作品，沅水、湘水作为自然地理标识也就进入屈原的诗歌之中，如《离骚》中的"济沅、湘以南征兮，就重华而漱词"，《九歌·湘君》中的"令沅湘兮无波，使江水兮安流"，等等。在这里，沅湘就超越了一般的自然地理标识，成为具有浓厚文化内涵的人文地理标识。从马王堆汉墓出土的帛书、帛画及大量的漆器、丝织品可以看出，秦汉以后，湖南的文化水平是在楚国的基础上有进一步发展的。魏晋南北朝的时候，湖南已经有"湘州之奥，人丰土闲"的记载，两晋时期设立的"湘州"在行政地理上很重要，它不仅是将湘江流域归于一体的州级行政单位，"湘"的命名也具有文化地理的特殊意义，强化了"湘"在文化区域概念形成中的重要地位。唐代时的湖南"地称沃壤"，五代十国的时候，湖南的茶叶贸易比较发达。但是，在宋代以前，湖南的经济主要还是集中在洞庭湖与湘江流域，其他地区则十分落后，是历朝贬谪流放之所。到宋代，由于政局变乱，湖南的政治地位迅速上升，洞庭湖与湘江流域大量垦殖，农业发展迅速。唐宋以来的文人学者用"湖湘"作为湖南文化地理标识，"南楚""沅湘"被取而代之，这其中既有行政地理的原因，也有文化地理的原因。这时期"湖湘已经成为中华学术文化的核心地区，湖湘学术文化已经成为中华的主流文化"③。朱汉民认为，

---

① 朱汉民. 湖湘文化探源［J］. 湖南大学学报（社会科学版），2011（4）：5-6.

② 朱汉民. 从"南楚"到"湖湘"：湖南区域文化概念的演化［J］. 湖南社会科学，2013（4）：247.

③ 朱汉民. 从"南楚"到"湖湘"：湖南区域文化概念的演化［J］. 湖南社会科学，2013（4）：247-248.

区域文化是在历史变迁过程中积淀而成的，它的内涵呈现出一种文化的层叠关系。湖湘文化也不例外，它的层叠中具有苗文化与荆楚文化融合而成的"楚蛮文化"，形成湖湘地区的民间文化与底层文化，湖湘文化即成为湖湘地区的上层文化与精英文化。湖湘民间文化与精英文化之间在激烈冲突对抗的过程中也存在融合关系，一直通过互相渗透、互相交流而成为一个独具特色、具有生命活力的文化体系。朱汉民在《湖湘文化探源》中总结道："这种交互作用既是两个文化层面的交流互动，又是不同文化源头的交流互动。本土的湖湘民俗文化会渗透、影响到南下的湖湘精英文化。譬如，许多儒家士大夫在湖湘地区从事文学艺术创作、学术思想研究，就自觉不自觉地受到湖湘习俗风气的影响。"①

作为晚清时期居于重要地位的区域文化，湖湘文化在中华文化转型的大背景下有了十分显著的表现。在中国近代化过程中涌现出来的各种新的学术思潮、文化观念，在湖湘文化中均有杰出的代表人物及相应的文化观念。②

关于湖湘地理环境对湖南文化艺术的影响，著名学者钱基博在其著作《近百年湖南学风》中写道："湖南之为省，北阻大江，南薄五岭，西接黔蜀，群苗所萃，盖四塞之国。其地水少而山多，重山叠岭，滩河峻激，而舟车不易为交通。顽石赭土，地质刚坚，而民性多流于倔强，以故风气锢塞，常不为中原人所沾被。抑亦风气自创，能别于中原人物以独立。人杰地灵，大儒迭起，前不见古人，后不见来者，宏识孤怀，涵今茹古，罔不有独立自由之思想，有坚强不磨之志节。湛深古学而能自辟蹊径，不为故乡所囿。义以淑群，行必厉己，以开一代风气，盖地理使之然也。"③ 钱基博认为，虽然湖南在自然地理环境上较为封闭，是"四塞之国""舟车不

① 朱汉民. 湖湘文化探源 [J]. 湖南大学学报（社会科学版），2011（4）：9.
② 朱汉民. 从"南楚"到"湖湘"：湖南区域文化概念的演化 [J]. 湖南社会科学，2013（4）：247-250.
③ 钱基博. 近百年湖南学风 [M]. 长沙：岳麓书社，1985：1.

易为交通"，但是在如此艰苦闭塞环境中生存的湘人却更加渴望外部世界，追求开放自由，具有坚强朴毅的独立开创精神。地理的封闭性、艰辛的生存环境虽然给民生带来了诸多的艰难、贫苦，但是也铸就了湖南人性格的固执、倔强。面对这种封闭而静谧、美丽的自然环境，封闭却不保守、倔强而又浪漫的楚人对天地万物产生了无限的遐想。这正是湘人能"不为故乡所囿"而独辟蹊径，开一代风气之先的主要原因。同样的观点，丹纳在《艺术哲学》中论述希腊人的审美特征时也有阐释，丹纳将其总结为"自然界的结构留在民族精神上的印记"。"希腊境内没有一样巨大的东西；外界的事物绝对没有比例不称、压倒一切的体积……一切都大小适中，恰如其分，简单明了"，所以希腊人"没有对于他世界的茫茫然的恐惧，太多的幻想，不安的猜测"①。

　　章士钊先生在给刘霖生先生七十大寿撰写的序中对湖南人的性格进行了精辟的总结："湖南人有特性，特性者何？曰：好恃其理之所自信，而行其心之所能安；势之顺逆，人之毁誉，不遑顾也。"② 符鸿基认为，正是这种尚节慨、好劲直、敦实行、勤耕读以不轻易改变自己的习性或信仰的湖湘社会风气，深刻地影响着湖湘文化的形成。符鸿基总结湖湘精神说："一当处于中国政治文化形势向南方发出时代的召唤下，强劲的湖湘风尚就会使士人生发出空前的使命感、自我实现的强烈冲动力以及浓厚的参与意识，从而激励出巨大能量，呼唤起汹涌澎湃的社会潮流，一浪高一浪地滚滚向前。这种湖南精神就是湖湘文化的精髓，而在这种精神中就包含了从炎黄时代起一脉相承而来的炎黄精神，其后则随着时代的发展吸取和扩充新的内涵，而形成湖湘文化的传统。"③ 王力先生认为，湖南人的这种精神与湖南自然环境有着密切关系，而盛产于湖南的辣椒就能代表湖南人刚强激烈的性格。王力先

---

① 丹纳. 艺术哲学［M］. 北京：人民文学出版社，1983：256.
② 章士钊. 刘霖生先生七十寿序［M］//章太炎全集：第8卷. 上海：文汇出版社，2000：67.
③ 符鸿基. 湖湘精神探源［J］. 船山学刊，2001（4）：26.

生说："辣椒之动人，在辣，不在诱。而且它激得凶，一进口就像刺入你的舌头，不像咖啡的慢性刺激，只凭这一点说，它已经具有刚者之强。湖南人之喜欢革命，有人归功于辣椒。"①

当然，地域文化既能成就一位艺术家，也能限制其艺术创作的深度与广度。湖湘自然地理环境塑造了湖南人泼辣、豁达霸蛮、自由舒展的性情，而这种湖湘性情又表征在湖湘文化中的神话传说、宗教、民俗、文学艺术等诸多方面，形成了一种地域文化的氛围。这种文化氛围又与自然地理环境一道深刻地规囿着湖南人的性格，同时也影响着湖湘的文学艺术。如果一位艺术家在面对所处地域的文化资源时只着眼于身边地域文化中的风物民俗，或者仅仅是把地域的自然风景作为作品创作时的时代或政治背景，而不从整个人类文明、人性的角度去审视、思考、发掘、提炼，势必很难在更高层面上获得深厚的文化价值。尽管地域文化的"隐性遗传密码"决定了其可以对一个时代的主流精神形成某种补充、深化、校正或者平衡，但是一位艺术家如果"被故乡所囿"，没有更开阔的视野与更深厚的思想，将注定难以创作出真正的大作品。因此，在面对地域文化时，艺术家只有从人类文明、人性的高度关爱人的生命形态和生存状态，地域文化的底蕴才能在精神文化的层面上显示出一种普遍的意义和人性的光彩。

第二节　湘楚地理与湖南当代艺术

地域文化中的地理环境因素对该地域文学艺术的创作有着重大的影响，表现在风景画的创作上，首先是艺术家生存成长的地域自然环境对艺术家的

---

① 王建辉，刘森淼. 荆楚文化 [M]. 沈阳：辽宁教育出版社，1995：20.

心理、性格产生的影响，反过来艺术家又通过艺术创作将自然环境"人格化"。因此可以说，艺术家对所处地域自然环境的描绘往往成了艺术家自身的象征，其创作的风景画便负载了丰富的文化内涵。在这些作品中，自然环境既与画家交流，又通过画家与观众交流，这样就达到了自然的属性与人精神的高度契合，进而发生情感上的共鸣。

在 20 世纪 80 年代的湖南美术家创作群体中，有邓平祥、贺大田、刘庄、萧沛苍、王水清、刘云等风景画家。他们艺术创作的共同特征是用写实主义的表现手法描绘所处地域的地理自然环境，通过风景画创作传递出对生活的眷恋、对人生和历史的反思。更重要的是，他们不是机械地描绘、照搬自然环境，而是以风景画这种看似传统的艺术类型来介入整个中国当代艺术运动之中，并呈现出极具地域文化特征的湖南艺术图式。

一、邓平祥

邓平祥自幼酷爱绘画，经过艰苦自学才走上专业创作道路。他的油画创作追求写实手法与象征意味的结合，蕴含深厚、含蓄的文化内涵，擅长描绘所处地域环境中平凡的景物，并通过艺术将其升华到不平凡的引人深思的哲理高度。20 世纪 80 年代，他比较著名的作品《老桥》入选第六届全国美术作品展优秀作品，《小桥春月》入选首届中国油画展，又参加了在美国举办的"中国当代油画展"。

邓平祥

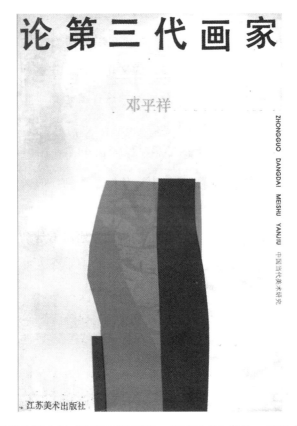

邓平祥的批评文集《论第三代画家》，江苏美术出版社，1996 年出版

《老桥》《沉舟》《月白》等作品在视觉上最明显的一个特征是，画面中都没有人，却又给人以"有我至之境"的审美感受。邓平祥的创作实践与理论批评是相辅相成的。他在《论生活流——发端于青年画家的倾向》一文中对当代油画的深思，在他的作品中得到了形象化的印证。他说："向深度进军，提倡质朴、深刻的文艺作品，这是当前油画创作中一个刻不容缓的课题。我们中华民族的优秀文化传统，我们国家的淳朴风尚，是产生深沉、含蓄、质朴、富有生活哲理和充满浓郁审美情趣的作品的肥沃土壤。"①

----

① 邓平祥. 论生活流：发端于青年画家的倾向［M］//邓平祥. 论第三代画家. 南京：江苏美术出版社，1996：73-75.

邓平祥《老桥》

作品《老桥》以精致细腻的写实主义手法描绘了湖南乡村最平凡不过的日常景观。画面中老桥是一根已经干透、内芯腐朽、裂成两半的陈年枯木，它周围已经泛绿的小草和下面化冻静流的小溪与老桥形成一腐朽—青春、一死一生的鲜明对照，营造了一种浓厚的文学意蕴和悲剧氛围，平凡静谧的风景不由得让人对人生、历史引起深思。我们从作品《沉思》中看到的是画家对人生的感慨，曾经自由漂荡的小舟已经朽烂成了几块枯木，死寂地躺在已经沟壑万千的河床边，一只水鸟从它上面飞过，似乎正在奔向新的溪流或大河。无望的死寂与一抹活的生机，让观众又对未来有所希冀。纵观中国当代艺术史，这些作品都透出浓郁的"寻根"意识。显而易见，邓平祥并不是一位地域自然环境的歌颂者，自然风景只是他的题材，在自然中反观人生，对人进行关怀，进而对文化与历史进行深思才是他要表达的精髓所在。

邓平祥《沉舟》

邓平祥在湖南美术家创作群体中的重要贡献主要在于理论批评和策展。他全程参与并塑造了整个中国当代艺术史的形状，自1983年开始在《美术》杂志发表文艺批评文章，至今仍然笔耕不辍，依然活跃在中国艺术批评的最前沿。他全程参与了湖南美术体制的恢复与重建，策划了湖南新潮艺术的重要展览，如在北京举办的"湖南青年美术家集群展"。同时，他以第一现场"目击者"与参与者的特殊身份，撰写了众多湖南青年美术家的个案及群体批评，如《人的刘采　画的刘采》《画和刘庄》以及《论第三代画家》《青年画家的文化特征》《土气·现代性·理性》《近代湖南青年现代艺术家扫描》等重要文献。邓平祥的批评既关注当代文艺思潮冲击下的中国美术的发展，又表现出对中国美术传统在现代的继承与创新，同时深入思考批评对象与地域文化之间的关系。邓平祥至今还担任着中国油画学会理事、湖南美术家协会名誉主席等学术职务。这不仅是艺术界对其在艺术理论与批评方面贡献的认可，同时也是对其作为一名油画家学术地位的认可。

邓平祥《月白》

邓平祥不是职业批评家，更不是批评大师，他认为自己的批评是能与创作会合、交流的有热情的"健康的批评"。他的批评不是凌空蹈虚的纯理论空谈，而是密切关注现实，"因为这种深切而又激情的现实关注，促使我在批评中融入了我的文化理想和社会理想。在批评中我力图遵循人类文明共有的人性法则、自然法则、文化法则和精神法则"①。同时，因为认识到传统文化中理性对感性的长期"暴政"，意识到感性文化在中国的艺术创作和批评中具有结构性缺失，所以邓平祥也十分注重感性的批评方法。总而言之，他自己所崇奉的是"审美创造"批评。

---

①　邓平祥. 我的批评观［M］//贾方舟. 批评的时代　20 世纪末中国美术批评文萃：卷 1. 南宁：广西美术出版社，2003：337.

二、王水清

王水清《过道》

王水清《无题》

王水清《门》

王水清的油画主要以表现湖湘乡村的自然景观为主，相较于其他湖南青年画家，他的作品地域文化特征更加鲜明。王水清的作品以湖南湘潭等地的自然景色为主题，采用写实主义手法描绘出的自然风景、乡村老屋、路口、村口、门、过道等物象，无不透出浓浓的乡土情怀。王水清参加"野草画会"展览的作品，正是以这种看似自然主义的手法，以及无主题、无情节甚至无人物的画面，对长期以来的"主题性""情节性""歌颂型"主流创作模式进行反思和批评。他虽然描绘的是乡村的、自然的、怀旧的甚至有点原始落后的景观，但却是经过艺术家现代意识的审视和把握之后的创作，并非单纯机械地回忆与留恋。正如邓平祥所发现的："青年画家中的传统因素越来越多了。然而和前辈画家比较有所不同的是，他们是立足于一个新的高度和基础上吸收传统，于是他们艺术中的传统内涵就大不一般。"① 毋庸讳言的是，当时中国艺术界流行的"生活流"风格，确实存在着浮光掠影、自然主义、随意记录的弊病。王水清的创作虽也属于"生活流"，但他能在平凡的自然景观中画出深度、画出内涵，并不是因为他选取了什么独特的视角或出奇制胜的题材，而是在平凡常见的题材中蕴含着对历史、人生的深思。例如，曾荣获第七届全国美展铜牌奖的作品《过道》就以写实主义的手法描绘了一座已成废墟的典型的湖湘民居建筑。通过画面中依稀存在的门楼、院中残存的条石及半截楼梯等，似乎还可以联想到曾经的辉煌，让观众不由得从内心深处思考人生与历史。"野草画会"解散之后，王水清在20世纪80年代末创作的《老家栅栏》《有栅栏的村庄》《躺着的树》等作品，题材很平凡，内涵却更深刻，地域文化特色也更鲜明。这些作品中看似"随意的构图"、湖湘地区特有的老木屋都蕴含着画家对生活、人生和社会的理解。虽然画面常常是无人的"空镜头"，但是人依然是主体。正因为有人在生活并对生活进行描绘与思考，才使画面接近生活的本质，让人在时间中漫步，表达对生活深深的眷恋及对历史的沉思。

三、萧沛苍

萧沛苍的专职工作是湖南美术出版社的编辑，他的大量油画作品都是在工作之余或星期天等休息日忙里偷闲创作的。他笑称自己的作品是"星期天作品"。萧沛苍作品中的自然山水、山石似乎是第一次被画家发现并带入人类的世界，纯净、自然，给观众一种苍茫静穆之感。

---

① 邓平祥. 青年画家的文化特征［M］//邓平祥. 论第三代画家. 南京：江苏美术出版社，1996：35.

萧沛苍《山石》系列之一

萧沛苍《山石》系列之二

萧沛苍在画面中有意识地追求一种诗性意蕴，着眼于一种"永恒"的追求。这种近乎传统的创作观在以破坏为主导的新潮美术时期，就难免被追求新奇的批评家所轻视。待潮流退去后，我们再来鉴赏萧沛苍的油画时，才发现他作品里的山石、溪流、老窗等物象都蕴含着一种生命形式。他画面的静穆只是画家好静观默识的性格所致，并非批评偏见中的怀旧与保守。文化学者认为，正是由于湖湘地理环境的形势——复杂结构的山地、密布的河网形成的山重水复之势，使得湖湘文学家笔下的"自然"往往是格局不大的山村。暂不论此观点是否过于硬性比较，但借用来说明萧沛苍作品中的视角和题材倒也不失为一种方法。不过，萧沛苍作品的美学特征与湘人崇尚自然、追求浪漫自由、依恋山水的性格应该有着密切的关系。

如果按照传统创作模式追求的"主题性""情节性"来看萧沛苍的作品，那他的绘画压根都算不上创作。因为他所描绘的对象小到不能再小，平凡到不能再平凡，无人的自然界中的几块石头、一棵树、几枝冬日荷塘中的残荷，在画家的眼中却又同样重要。这些平凡到极致的物象中也蕴含着画家对人生的思考。

作品《山石》系列，画家冷静克制地将色彩限制于古典油画的深棕色调子中，用极薄的方法细微地营造出一块"无我之境"的寂静之地，竟也别有一番"于细微处见精神"的禅意。

20 世纪 80 年代末，萧沛苍将"小视角"移向湖湘民居建筑中特有的老窗，用近乎超写实的手法细腻地、装饰化地描绘镶嵌在白灰青砖中的老窗。这些窗的图像资料不是乘着他做画报编辑的便利，随意从资料库中调取的，而是千辛万苦跑遍了湘南的村村寨寨，一家一户搜集来的。当观众面对这些类似局部放大一般的老窗时，老窗如一位久经沧桑的老者，用饱含故事又幽深的眼睛注视着观众，窗外的老墙上已经阳光斑驳，窗内依然昏暗深邃，窗外已经改变，窗内却静谧无声。观众此刻会联想到什么呢？萧沛苍可能只是为了展示丰富多样的湖湘建筑文化，可能是对传统文化的现代审视，也可能

萧沛苍《窗·光阴》

只是要解决绘画本身的问题。但无论如何，萧沛苍的作品中所呈现的浓厚的湖湘文化特征与他所处的地域文化是不可分割的。

四、刘云

刘云1983年毕业于湖南师范大学美术系油画专业，因运用中国工笔画的手法创作油画毕业创作，其"离经叛道"的行为遭到奉苏联油画风格为圭臬的老画家们的严厉批评。但是，这种中西结合的手法一直被刘云保持下来，油画作品中大量运用中国工笔画的线条，让他的作品在当时中国的油画创作中极具辨识度且具有东方特色。毕业后的几年，他创作了1986年参加湖南青年美展的《湖河》，1989年的《月魂》系列和《半个月亮》等作品，引起了美术界的高度关注。与前面几位专注于风景画创作的画家不同，刘云的作品视觉上乡土、乡村的成分较少，但又同样具有浓厚的地域文化特征，这与刘云长期生活创作于洞庭湖畔有关。

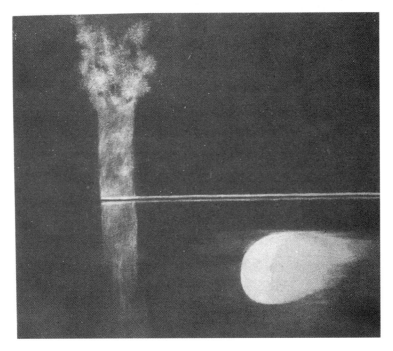

刘云《岸边的树》

刘云作品中有一种安宁与静穆的美。首先表现在画面构图的和谐、平稳，无笔触的近乎抽象的背景，有着洁白圣洁感的女人体，或在水天一色间，或在冷寂静谧的月光下，或在冬雪的丛林边。虽然画面中的主体人物形象是女性裸体，却不会让观众感受到一丝性的意识。这与当时中国文艺界盛行性心理、性意识的表现大相径庭。正如批评家邓平祥所指出的，刘云作品中的女性是集中了懵懂的青春、生育、母性、善良与纯真，整体来看刘云作品中有一种阴柔之美。但与整体形成对比的是，作品中的女性身体却是丰盈的、健康的，充满知识与现代意识美感的。这种文学性、象征性也是刘云绘画美学的独特之处。

刘云《那只小船》

刘云《半只小船》

刘云《冬天的雪》

刘云回忆说："我喜欢一个人到湖边去，躺在小船上，真像我幼儿时睡过的摇床，听着湖水轻轻地拍打着岸边的小石子，一缕沁凉的晚风吹得人心里凉爽爽的，这是一个多么纯净的世界，一颗流星划破寂静的夜空，无声无息地坠落到对面黑黝黝的芦苇荡中，给人带来一丝淡淡的忧愁，月亮从芦苇中爬上来了。"[1] 所以说，刘云的作品并不是矫揉造作的装饰，而是源自洞庭湖周边特有的湖湘地理环境因素的影响。也正是洞庭湖的水与冷月，使得刘云"得到了天启"。他作品中的洞庭湖水、小舟、月色、南方的灌木，无不具有浓厚的湖湘地域文化特征。也正因此，水天中才将刘云誉为"湖畔诗人"。当然，历史地看，刘云的作品也受到当时在中国艺术界非常流行的加拿大艺术家科尔维尔、日本画家平山郁夫和东山魁夷的深刻影响。

五、贺大田

贺大田的作品《根》用写实主义手法细致地描绘了千沟万壑的黄土高原，具有浓郁寻根意味与历史反思意识。《根》曾获第六届全国美展银奖，这也使他赢得了湖南美术界的认可。

让贺大田在全国名声大噪的是《老屋》（"门"与"窗"系列）。《老屋》是一组体量庞大的作品，由大大小小 60 余件作品构成，画面中有各种各样的"门""窗"，都是湖湘传统民居建筑样式，但没有一个人，没有一条狗及其他生灵，极安静却有强烈的生命意识贯穿其中。1986 年，贺大田将其中的 7 张"门"拿到北京参加了"湖南省青年美术家集群展"。7 张"门"都是经过仿旧处理的木门。批评家郎绍君认为，这是一组批判意识很强的作品。作者以"门"这个富于视觉敏感和象征效应的具象符号，同时在三维真实空间和三维幻觉空间启动观者的历史意识。这组作品中用极写实的手法描绘的逼真物象不单是对现实的反映，而是隐含着历史的不幸与寻根者痛心疾首的批判意识。[2] 批评家刘骁纯认为，即使从世界美术史的角度来看，《老屋》也因整体构思出类拔萃，其独创意义也不容轻易抹杀。刘骁纯说："从

---

① 邓平祥. 静穆美的意蕴与思索：刘云油画的审美意识［M］//邓平祥. 论第三代画家. 南京：江苏美术出版社，1996：121.

② 郎绍君. 论新潮美术［J］. 文艺研究，1987（5）：28.

贺大田《老屋》系列

二维平面和三维空间的独特组合中，作品蕴含着对民族传统文化或哀挽或眷恋或戏谑或批判种种不可言传的情思。"① 刘骁纯认为，在当时中国的一些

① 刘骁纯. 在十字路口的贺大田［M］// 贺大田. 老屋：贺大田作品集. 长沙：湖南美术出版社，2013：26.

新潮艺术家还在进行从反叛旧模式到构建新图式之间苦苦探索，从"文化宣传的层次到艺术建构的层次"寻找转换方式时，贺大田的创作实践与新图式的发现对于中国新潮美术史就格外难能可贵。

贺大田的《老屋》系列创作也是对湖湘地域文化的一种传承与现代审视。

第三节 湘楚精神与湖南当代艺术

考察历史就会发现，相对于开放包容的中原文化或多样丰富、更具特色的其他文化来说，湘楚文化更加崇尚自由，更富于情感，这种饱含着浓郁的自由精神与情感的文化浸染着湖湘大地，这种浪漫文化特征在整个湖南新潮艺术家的作品中都或多或少地存在，要不然，湖南新潮艺术创作群体也不会在当时的中国成为率先追求创作自由、表现自我的一批艺术家。但同时也要明白，虽然湖湘文化的主要特征是雄奇瑰丽的浪漫主义，但是其中也有极其实用理性的成分。无论是浪漫主义诗人屈原的《楚辞》中"路漫漫其修远兮，吾将上下而求索"所蕴含的对现实人生的坚定追求，还是近现代湖湘文化中的经世致用对全国的影响，都始终有一种浪漫、昂扬的激情与忧国忧民的情结存在。因此，在湖湘文化浸染下的湘人总有一种"敢为天下先""舍我其谁""霸蛮"的豪情与激情。在政治危机之时，有"天下一日不可无湖南""湖南存则中国存"的豪言壮语。在文化上，有"大江东去，无非湘水余波"的自信。这种文化与以天下为己任、敢为天下先的社会心理一起，对各个阶层的湖南人，乃至整个中国往后历史的发展都产生了深远的影响。这种社会心理的转变实际上就是一种觉醒了的群体意识及行动。

一、莫鸿勋

在对莫鸿勋的文字描述中，几乎没有文字将他的创作与湖湘精神结合起来考察，倒是在他自己评述别人作品的文章或创作自述中，能让人感受到他作为湘人所具有的浓郁的湖湘文化精神。

莫鸿勋在其作品《自言自语》中有句话表达的就是他的这种"霸蛮"的湖湘精神："春天的气息好强，尽管大北风刮来，也不要缩脖子。"也正如批评家邓平祥所说的，莫鸿勋的性格里具有中国传统文人的"书与剑"的精神特质。莫鸿勋在第一届"野草画会"展览的作者简介中也表达了同样的精神——"作者喜欢面向一切，对万事不背过脸去"。在 2002 年的作品集《英雄图式》中的《自言自语》里，莫鸿勋对这句"简介"又进行了进一步的阐释："我们的眼睛要看事，我们的思维要根据社会发生的一切来判断善恶美丑，设若我们对此熟视无睹，把这些进入视野的、变成了一种情绪感受的排除在画面之外，只知道研究黑、白、灰，点、线、面，享受随意涂抹的快感，并为所谓的形式诞生而沾沾自喜，那么我觉得绘画已经缺少了些什么。如果还去掉不表达精神情感，我真的怀疑艺术这劳什子还有多大意思。"①

莫鸿勋《墩》

---

① 莫鸿勋. 自言自语［M］//莫鸿勋. 英雄图式：莫鸿勋制. 长沙：湖南美术出版社，2002：14.

从莫鸿勋的《自言自语》可以看出，他的作品尽管有强烈的表现主义特征，但他是通过形式语言，将对文化的沉重思考与对社会现状的尖锐批判表现在画面上。也正如他说的"我的灵魂在画上，我的肉体在虚化"。

莫鸿勋《磁》

莫鸿勋参加第一届"野草画会"作品展的《磁》、第二届"野草画会"作品展的《人生第一首诗之一》，都是对人性、人道主义思潮的反映。人道主义渴求人性的自由与解放，追寻个体价值，最基本的出发点就是人的自然属性，即人的本能——食和性。在艺术作品中表现人的本能其实就是追寻人性的自由与解放。作品《磁》和《人生第一首诗》系列就是表现人的本能，冲破"性"的社会、阶级的束缚，进而追求人性的自由与解放。但是，莫鸿勋的冲破"禁忌"主要表现在形式上。《磁》的画面中，一段中间已经开裂的枯木横亘在画面的正中位置，给人沉闷压抑之感。裂缝上背对观众坐着一位皮肤白皙、腰身纤细的长发女子，女性的形象也回归到女性本应有的特征。画面左上方的红色背景的破孔外，一位青年男子正凝视着女子。作品隐喻着人性的禁锢正在逐渐碎裂，表达了作者对人性自由的呼唤。莫鸿勋的

《人生的第一首诗》系列作品也参加了 1986 年在北京举办的"湖南省青年美术家集群展"，作品主要通过扭曲的人体、孤寂分离的男女人体表现了对人的本能的禁锢、性的扭曲，也是一组思考人道主义、人性解放与自由的作品。作品《对话》在第二届"野草画会"作品展中展出，也参加了北京的"集群展"。在北京的座谈会上，该作品因过于直白的图解观念而遭到批评。画家用精细的写实手法描绘了并置在画面两边的维纳斯雕像与中国青铜器，它们各自的象征性十分清楚，在画面中间的裂纹上，艺术家画了两个尚未连起来的金属合叶，再加上作品的题目"对话"，画家要表达的内容再清楚不过了。其实这种用艺术的手段向观众传达新时代的呼声，是整个 20 世纪 80年代非常普遍的艺术表现方式。在莫鸿勋这里也许正是当时他对文化思考的一种真实表现。

莫鸿勋《对话》

莫鸿勋《人生第一首诗之一》

作品《机器与人》《墩》均画幅较大，用细致的写实主义手法绘制，不厌其烦地描绘对象，越逼真的描绘，越让观众感觉到扑面而来的压抑感，观众不由得会思考自身的自由与价值。正如《机器与人》中，庞然大物的机器已经全身锈透，失去了动力，而猿人一般的人从机器中走出来，就像人类第一次走出丛林，开启了人类文明的起源一样有着重要意义。

莫鸿勋《机器与人》

莫鸿勋在《自言自语》中说，长期的创作实践让他知道，只有在多画的基础上敢于改动，才能在创作上有所体悟，许多图式都是在多次改动之中凸显出来的。"集群"展之后，莫鸿勋继续真实地把握自己最深层的心理，创作了《病例分析》系列等作品。这组作品与"野草画会"时期的作品相比，画面更加复杂、更加气势恢宏，画家的思考更加深沉痛苦，用更加丰富的表现主义手法、具有象征意义的主题通过病例与死亡表达人生的痛苦经历。

二、吴德斌

文化学者对湖湘精神精髓的总结是，当一个时代的政治文化思潮向南方发出时代的召唤时，在湘楚文化浸染下的湖南人，就会有一种极强的使命感与自我实现的强烈冲动力以及浓厚的参与意识，进而激发出更大的能量，成为汹涌澎湃的社会潮流中的一支，继续推动社会文化思潮滚滚向前。

20 世纪 80 年代的湖南青年美术家群体，无论是群体还是群体的个体艺术家、批评家，在新的社会思潮汹涌时，都具有极强的敏感性与投奔浪潮的勇气。

吴德斌

吴德斌《自画像》

吴德斌在湖南师范大学美术系就读期间，对陈旧的说教式的教学模式感到不满，常常感到苦闷，只能自己苦苦探索，在艺术创作上开始自觉不自觉地思考自然力量与超现实境界的同构显现——一种与当时美术教学、创作模式完全背离的图式。在大学期间，他就画过大量的实验作品，通过混沌宇宙、陨石、星际环形山等符号来表现人存在于宇宙间的渺小与脆弱，以及人的痛苦。吴德斌说："我总是在想，如何从混沌到清晰地寻觅超生境界，这需要一种图式、一种内心符号来表达。恰恰绘画能帮我的忙，能凸显自然与生命之间的构合和这二者之间所产生的冲突时的某种焦虑。"① 从这段自述可以看出，吴德斌的创作中一直关注人的存在问题。毕业后，他与莫鸿勋等艺术家一同发起成立了"野草画会"，在第一届"野草画会"作品展的个人简介中，他描述自己的创作风格是用具象的表现手法，将对生活的特有感受这一抽象意念表现出来。整个 20 世纪 80 年代的创作实践证明，他从未减弱过对人的关注度。

吴德斌《纯理性构造》

---

① 莫鸿勋. 我！不如死去超生［M］//画家——中国当代架上绘画探索专辑：总第 15 期. 长沙：湖南美术出版社，1991：42.

吴德斌 《生之始》

吴德斌 《同化》

吴德斌《自述》

作品《自画像》《凝》在第一届"野草画会"作品展中展出。《自画像》
采取标准证件照的形式构图，画面中的人物形象在抽象无物的背景中凸显出
来，冷冷地直视观众，黑白对比强烈的正侧光源在画面的中间形成一道明暗
交界线，将画面分割成均等的两列。对称的构图在给人肃穆庄重气氛的同
时，也传递了一种呆板僵硬与沉寂之感。这种单纯至上的图式，正是吴德斌
苦心孤诣所追寻的。将其置于整个中国当代艺术史就会发现，这种抽象的背
景加无表情或几何体的构图模式，在随后的几年中成了"85 新潮美术作品"
中常见的图式。

《自述》创作于 1987 年，并在同年参加了"首届中国油画展"。该作品
发表后被多种重要的美术史著作反复阐释。它不仅是中国"八五美术运动"
时期的重要作品之一，也被视为"改革开放以来中国现代艺术中的重要作品
之一"（邹跃进语）。批评家邹跃进认为，该作品的重要意义主要体现在两方
面：一方面是艺术家深刻地表达出存在主义哲学所揭示的人生存的荒诞和困
境，具有强烈的人道主义反思精神；另一方面，历史地看，吴德斌的创作契

合了当时中国文艺思潮中对人道主义、人性解放的关注，以及"文革"对人的思想禁锢的历史反思。《自述》以纯正的油画语言、写实主义的手法描绘了一个浑身被白布严密捆绑，只露出半截青筋暴起的左手臂无力地向前探去，试图触摸的人物形象。画面构图尽管也是对称式，但画面中图像的位置给人极不稳定感，画面右边是大面积抽象无物的背景和铺着白布的正方形小桌子，桌子上面一个黝黑的陶罐衬着一长条黑色的阴影，左边却是一个被绷带捆扎坐着的人，右边的大面积空白与左边刻画精细入微的大体量人物形象在视觉上形成巨大反差，画面整体的氛围是静谧沉寂的，这些都让观众不由得对自己的现实生存状态进行思考。这是一种想要"自述"而又不可表达的困境。

吴德斌在20世纪80年代的油画创作中呈现出的深刻的哲学思考与理性化特点，并具有明显的现代派风格，体现出他对于人的个体自由价值的认同和尊重。同时，他一直尝试通过艺术手法即绘画的方式体现对人道主义的关注。

第四节　湘楚民俗与湖南当代艺术

一、萧洁然

萧洁然虽然是"立交桥版画展"的发起人与组织者，同当时的油画创作相较，他的版画虽然没有表现出十分突出的"前卫性"，但在20世纪80年代的中国版画创作中却也独具个性特征。20世纪80年代，版画界探索的热点主要集中在各种新材料、新技法与新工具的实验性运用上。

"立交桥版画展"之后，萧洁然创作了一组具有现代意识、打破传统版画"直刀向木"技法、进行多种版画技法实验的作品，并取得了成功。该组作品不仅具有传统木刻版画所不具有的"刀味"，同时也呈现了出乎意料的印制效果。例如，《生命的结构》系列作品在技法上采用多次复印、剪贴放大的手法，突出生命微观的细节抽象美，同时具有强烈的哲学理性意味。这些图像虽接近于仿象，却依然会引起我们对自然生命的思考。这个时期的萧洁然能"好汉不提当年勇"，勇于实验探索，努力寻找新颖且有表现力的形象与结构，这一实验精神在他后期的版画艺术创作中一直延续了下来。例如，创作于20世纪90年代初的《彩云追月》、20世纪初的《民意调查》系列作品等。

萧洁然　《夏锄》

萧洁然　《苗女赶场》

萧洁然 《桃花水》

萧洁然 《檐边》

萧洁然 《秋的旋律》

　　萧洁然版画中更常见的主题主要来自对湖湘地域内古朴淳厚的民情风俗的关注，形态上主要来自民间艺术与原始艺术。在创作语言上，却又与传统革命性、战斗性的版画截然不同。萧洁然作品中湘西男女素朴、单纯、勤劳。可以说，湖湘文化不仅是萧洁然版画赖以生长的丰厚土壤，还是其版画表现的主要内容。萧洁然的版画创作表现出他对湖湘文化、风俗民情持续不断的关注和恒久的热情。萧洁然版画作品中对湖湘少数民族妇女劳动的赞美，对三月三风俗、赶场等日常生活的细致刻画，都表现了湘人自由自在的生命活力，都沐浴着浓郁的湖湘文化氛围。作品《夏锄》刻画的就是几位身着筒裙的少数民族妇女在田地劳作的画面。她们挥汗如雨，手脚不停地耕耘，相信秋天的丰收注定会到来。在"时节如金，满耳蝉鸣"的季节，她们赤着脚"一天接一天，一垄接一垄"地耕耘，"亭亭华盖，徐徐清风"，"相信秋天，就像相信流水东去，相信云层上永恒的晴空"。① 《一路走来》《檐

---

　　① 蒋祖烜. 耕耘：题萧洁然版画《夏锄》[M] //萧洁然. 洁然版画. 藏富美术馆，2014：3.

边》《赶场》等作品既有版画技法的探索，也是作者对湖湘风俗民情深情的歌颂。

二、杨晓村

杨晓村不仅是"怀化群体"创作上的指导者，也是一名对中国画的继承与创新有着深度思考的理论家。1987 年，他在《江苏画刊》第 11 期发表的论文《中国传统画继承中的惰性》就表达了他对待新时期中国画的态度——既要超越传统中国画"惰性继承"的传统，又不愿落入西方现代派或苏联模式的窠臼。兴起于湖南的"寻根热"彼时正引起全国文艺界新的思潮，他便将视野投向了当时既不被新潮艺术关注，又被传统文人画排斥在外的湘西地域文化与风俗民情。杨晓村给湖南一位理论家的信中写道："决定在怀化弄出一批人，画出一批有特色的画来，让人一看就知是湘西、黔东南的，是怀化的。"他因为被纯朴、原始、亘古和深沉的民族特点强烈震撼了，感觉到文人画的软弱，所以关注中国画美学中深沉、宏大、宽广的气派，"以现代审美意识并吸收宋以前的精神实体以及民间的美术结构来绘画"①。

杨晓村 速写

---

① 马建成. 李荣琦口述［M］//马建成. 口述湖南美术史（1949—2009）. 长沙：湖南美术出版社，2013：254.

　　杨晓村的创作绝不是浮光掠影似的少数民族风俗特征的猎奇，而是先后十余次下到黔东南的从江县，去写生、采风，搜集素材，同时切身体察黔东南原始、粗犷、古朴、淳厚、深沉、神秘的独特地域文化，并将其融入自己的创作中，为中国画的题材、内容表现技法，尤其是美学上探索了新的可能，形成了地域文化浓厚、现代意识强烈的独特艺术风格。

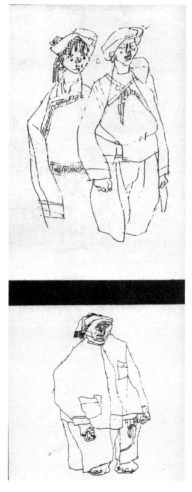

李永琦　速写

　　具体到创作实践中，杨晓村与赵松元、郑林等"怀化群体"成员敢于突破传统中国画媒介材料的限制，打破陈规，大胆尝试蜡笔、油画棒、矾水等非中国画颜料，运用拼贴、剪切、拓印等综合技法，结合麻绳、纤维板等媒介进行自由创作，并以此来表现湘西少数民族的神秘特征。这些作品给当时习惯于运用中国画表现载歌载舞的少数民族风情的人们以极大的感官刺激，在当时的中国画坛具有强烈的冲击力与实验精神。

禹海亮　速写

　　杨晓村的作品整体感觉浑厚、枯涩，不一味追求画面的墨色变化，对比强烈；忽视人物面部的精致刻画，人物形象甚至有些丑、怪特征；注重线条的表现力，打破传统绘画对三维空间关系、画面的空间透视关系的塑造；画面接近平面性，构图形式感强。这些因素都让作品有较强的现代感，从而营造出一种原始、粗犷、朴拙、神秘的艺术氛围，给人一种撼人心魄的力量感，同时也引起了观众对湘西少数民族的历史与风俗文化的深思。可以说，杨晓村与"怀化群体"成员的每件作品背后，都凝聚着黔东南等地少数民族悲壮的历史。

尾　声

"湖南省青年美术家集群展"结束后，湖南美术家的群体使命也已经结束，但创作依然在继续。由于时间、创作理念、批评权力等诸多因素，湖南美术家群体集体缺席了中国新潮美术的最后谢幕，以至于在今天的美术史叙事中，似乎少了一点儿在艺术市场"谈价"的资本，在艺术江湖上少了一些"资历"，或在艺术史文本中少了儿张插图，仅此而已。风物长宜放眼量，不过尔尔。

在经历了短暂的"下海"、出国后，艺术家们再次纷纷投身到艺术创作中，并从20世纪90年代至今，一直以各自特有的方式持续创作着。虽没有暴得大名，却也没躺在不厚的成绩簿上话说当年。这也是楚地湖湘文化精神最好的体现。

艺术突破单一固化模式，呈现多元迸发之态势，离不开经济的发展和开明宽松的政治氛围，更重要的是艺术家对人的尊重、对自由表现的追求。

参考文献

[1] 伍蠡甫. 西方文论选：下卷［M］. 上海：上海译文出版社，1979：168.

[2] 田中阳. 区域文化与当代小说：对中国当代小说一个侧面的审视［M］. 长沙：湖南师范大学出版社，1996.

[3] 冯友兰. 三松堂全集：第 9 卷［M］. 郑州：河南人民出版社，2000.

[4] 司马迁. 史记［M］. 北京：中华书局，1982.

[5] 范文澜. 文心雕龙注［M］. 北京：人民文学出版社，1958.

[6] 朱铸禹. 世说新语汇校集注［M］. 上海：上海古籍出版社，2002.

[7] 潘耀昌. 中国历代绘画理论评注：清代卷. 下［M］. 武汉：湖北美术出版社，2009.

[8] 梁启超. 饮冰室合集：第十册［M］. 北京：中华书局，1989.

[9] 陈寅恪. 隋唐制度渊源略论稿［M］. 上海：上海古籍出版社，1982.

[10] 黑格尔. 历史哲学［M］. 上海：三联书店出版社，1956.

[11] 马克思，恩格斯. 德意志意识形态［M］//马克思，恩格斯. 马克思恩格斯全集：第 3 卷. 北京：人民出版社，1960.

[12] 普列汉诺夫. 论唯物主义的历史观［M］//普列汉诺夫. 普列汉诺夫哲学著作选集. 上海：三联书店，1959.

［13］丹纳. 艺术哲学［M］. 傅雷，译. 北京：人民文学出版社，1963.

［14］马克思恩格斯文集：第 1 卷［M］. 北京：人民出版社，2009.

［15］李慈健，田锐生，宋伟. 当代中国文艺思想史［M］. 郑州：河南大学出版社，1999.

［16］徐庆全. 风雨送春归：新时期文坛思想解放运动纪事［M］. 郑州：河南人民出版社，2005.

［17］章浴. 西方现代派文学参考资料［Z］. 黑龙江省社会科学院文学研究所，1984：248.

［18］王光明. 中国新诗总论 4（1977—1989）［M］. 银川：宁夏人民教育出版社，2019.

［19］邹跃进. 新中国美术史（1949—2000）［M］. 长沙：湖南美术出版社，2002.

［20］马建成. 口述湖南美术史（1949—2009）［M］. 长沙：湖南美术出版社，2013.

［21］吕澎. 20 世纪中国艺术史［M］. 北京：北京大学出版社，2006.

［22］高名潞. ’85 美术运动［M］. 南京：广西师范大学出版社，2008.

［23］李蒲星. 湖南美术史［M］. 长沙：湖南美术出版社，2010.

［24］刘佳帅. 空间视域下的地域美术研究：以建国以来的山东美术为例［M］. 济南：山东师范大学，2017.

［25］邓平祥. 论第三代画家［M］. 北京：江苏美术出版社，1996.

［26］贺大田. 老屋：贺大田作品集［M］. 长沙：湖南美术出版社，2013.

［27］莫鸿勋. 英雄图式——莫鸿勋制［M］. 长沙：湖南美术出版社，2002.

［28］邹建平. 边缘画家［M］. 重庆：重庆出版社，1999.

［29］莫鸿勋. 青春三十年：野草画会文献（1984—2014 年）［M］. 前行美术馆，2014.